学会选择 懂得放弃

XUEHUI XUANZE DONGDE FANGQI

查正儒 编著

内蒙古人民出版社

图书在版编目(CIP)数据

学会选择　懂得放弃/查正儒编著.—呼和浩特:内蒙古人民出版社,2017.9　(2019.6 重印)

ISBN 978－7－204－15003－8

Ⅰ.①学…　Ⅱ.①查…　Ⅲ.①人生哲学－通俗读物　Ⅳ.①B 821—49

中国版本图书馆 CIP 数据核字(2017)第 243721 号

学会选择　懂得放弃

作　　者	查正儒
责任编辑	晓　峰
出版发行	内蒙古人民出版社
地　　址	呼和浩特市新城区中山东路 8 号波士名人国际 B 座 5 楼
印　　刷	临沂同方印刷有限公司
开　　本	710mm×1000mm　1/16
印　　张	20
字　　数	300 千
版　　次	2018 年 8 月第 1 版
印　　次	2019 年 6 月第 2 次印刷
印　　数	10001－15000 册
书　　号	ISBN 978－7－204－15003－8
定　　价	39.80 元

如发现印装质量问题,请与我社联系。联系电话:(0471)3946120

网址:http://www.impph.com

前　言

生活和生命中面临着很多选择，如何选择，是学问，也是胸怀和格局。学会选择，是智慧也是美丽。

人的天性中有贪婪的弱点，很多人、很多时候，舍不得放弃，很多人为外界的东西所累，生活得不幸福，就是没有明白人生要简约的道理，生活在劳劳碌碌之中，解脱不出来。智者是善于选择、舍得付出的，古今中外不乏其例。一个个鲜明生动的例子，都是诉说着选择的道理，就像一面镜子，映照出一个个不同的人生。

本书精选了不少精于选择的例子，可供我们的人生参考。愿每个读者朋友都放弃不必要的负累，选择出幸福和快乐的人生！

目　录

送人玫瑰，手留余香

退一步海阔天空

不舍不得，小舍小得，大舍大得

甩掉往日的阴影

再烦恼也是没用的

不要回头看，这是多么简洁而且深刻的真理。当我们的“过去之城”不可避免地被毁灭，而我们已经幸运地逃到另一个天地的时候，最实用的告诫就是：不要回头看。

为了忘记烦恼，我们有时可以说是不计代价：花钱买醉、疯狂购物、狂歌乱舞，还有人吃些疯狂的东西让自己兴奋起来……然而，这样的发泄之后，纠结在心头的烦恼是不是马上逝去了呢？

没有，身体的放纵无法带来精神上的完全松懈，于是我们追问：怎样为我们的生活解压？我们究竟如何才能忘记曾经的伤疤呢？

> 当美国著名社会学大师拿破仑·希尔还是一个小孩的时候，有一天，他和几个朋友一起在密苏里州西北部的一间荒废的老木屋的阁楼上玩，当他从阁楼爬下来的时候，先在窗栏上站了一会儿，然后往下跳。他左手的食指上戴着一个戒指，当他跳下去的时候，那个戒指勾住了一根钉子，把他整根手指拉脱了下来。他尖声地叫着，吓坏了，还以为自己死定了，然而他活了下来，但永远地失去了一个手指。在他的手好了之后，他就再也没有为这个烦恼过。他接受了这个不可避免的事实。后来，他几乎根本就不会去想，他的左手只有四个手指头。
>
> 几年之后，拿破仑·希尔碰到一个在纽约市中心一家办公大楼里开货梯的人，拿破仑·希尔注意到他的左

手被齐腕砍断了。拿破仑·希尔问他少了那只手会不会觉得难过，他说："噢，不会，我根本就不会想到它。只有在要穿针的时候，才会想起这件事情来。"

令人惊讶的是，在不得不如此的情况下，他们差不多都能很快接受任何一种情形，或者使自己适应，或者整个忘了它。

拿破仑·希尔常常想起荷兰首都阿姆斯特丹一家15世纪的老教堂的废墟上刻的一行字：

众所周知，鲁迅笔下的祥林嫂，心爱的儿子被狼叼走后，痛苦得心如刀绞，她逢人就诉说自己儿子的不幸，以致她久久地不能忘怀这些痛苦，让自己受到诸多折磨。

在岁月的长河中，一个人一定会碰到一些令人不快的情况，它们既是这样，就不可能是那样。但你可以有所选择，来毁灭你的生活，最后可能会使自己精神崩溃。

过去的就让它过去吧，沉湎在过去的不愉快和阴影中，只会是一种自伤。

不要预支明天的烦恼

看过这样一则小故事：

说的是一位小和尚，每天早上负责清扫寺庙院子里的落叶。在冷飕飕的清晨起床扫落叶实在是一件苦差事，尤其在秋冬之际，每一次起风时，树叶总随风飞舞落下，每天早上都需要花费许多时间才能清扫完树叶，这让小和尚头痛不已，他一直想要找个好办法让自己轻松些。后来有个和尚跟他说："你在明天打扫之前先用力摇树，把落叶统统摇下来，后天就可以不用辛苦扫落叶了。"

小和尚觉得这真是个好办法，于是隔天他起了个大早，使劲地猛摇树，这样，他就可以把今天跟明天的落叶一次扫干净了。一整天小和尚都非常开心。

第二天，小和尚到院子一看，他不禁傻眼了，院子里如往日一样是落叶满地。

老和尚走了过来，意味深长地对小和尚说："傻孩子，无论你今天怎么用力，明天的落叶还是会飘下来啊！"

确实，生活中，我们也常常和小和尚一样，企图把人生的烦恼都提前解决掉，以便将来过得更好、更自在，彻底地无忧无虑。而实际上，很多事是无法提前完成的。李白说的"明日愁来明日愁"，也并非完全消极，有一定的道理。

不预支明天的烦恼，不想着早一步解决掉明天的烦恼，定能使自己过得轻松、有诗意。而怀着忧愁度过每一天，设想自己可能遇到的麻烦，只会徒增烦恼。实际上，等烦恼来了，再去考虑也不迟，所谓"车到山前必有路，船到桥头自然直"。况且，明天的烦恼，你又怎能提前解决得了？更重要的，想象出来的烦恼比真正出现的也不知多出多少。

即使有任何困难出现，也可坦然地去面对，去解决。这比什么都重要。

沿街叫卖三明治的企业家

人生的状态犹如数学中的曲线函数，当数值到达最低点后，接下来的必然是一个再次回升的阶段。失败只是人生函数中的一种相对状态。在这个时候，谁能积蓄能量，不消沉，不堕落，不执着于从前的成功，谁就能在未来获得丰厚的回报。

不要局限自己前进的路，机会将只会留给肯付出的人；也别囿于自己曾经甚至眼前的困境，任何时候都是你重新开始的最好时机。忘记过去的成功与失败，给自己一个全新的开始，我们便会从

未来的朝阳里看见另一次成功的契机。

以前有个泰国企业家，玩腻了股票后，转而去炒作房地产。他把所有的积蓄和银行贷款全部投资在曼谷郊外备有高尔夫球场的别墅上。没想到，别墅刚刚盖好时，时运不济的他却遇上了亚洲金融风暴，别墅一间也没有卖出去，连贷款也无法还清。企业家只好眼睁睁地看着别墅被银行查封拍卖，甚至连自己安身的居所也被拿去抵押还债了。情绪低落的企业家完全失去斗志，他怎么也没料到，从未失手过的自己，居然会陷入如此困境。

刚开始他肯定是承受不起此番沉重打击的，在他眼里，只能看到现在的失败，更不能忘记自己以前所拥有过的辉煌。

一天，他坐在早餐店里，忽然灵光一闪，想起太太亲手做的美味三明治，决定要振作起来，重新开始。当他向太太提议从头开始时，太太也非常支持，还建议丈夫要亲自到街上叫卖。企业家经过一番思索，终于下定决心行动。从此，在曼谷的街头，每天早上大家都会看见一个头戴小白帽，胸前挂着售货箱的小贩沿街叫卖三明治。

“一个昔日的亿万富翁，今日沿街叫卖三明治”的消息很快地传播开来，购买三明治的人也越来越多。这些人中有的是出于好奇，也有的是因为同情，当然更多人是因为三明治的独特口味，慕名而来。从此，三明治的生意越做越大，企业家也很快地走出了人生困境。

他之所以能失而复得一个如此明媚的今天，是因为在曾经的失败向他挑战现在和未来时，他没忘记先将身上的灰尘拍落，然后再轻轻松松地应战。

这个企业家名叫施利华。几年来他以不屈不挠的奋斗精神获得泰国人民的尊重，后来被评选为“泰国十大杰出企业家”之一。

当我们看着别人的成功故事时，不要只顾着羡慕他们名利双收时的成果，我们要学习的是他们只顾前瞻而不屑后仰的奋进精神。“要怎么收获，先要怎么栽培”是一种自然定律，没有任何人能例外。

“随它去吧！”哲学家说，“它不会持久的，没有一个错误会是持久的！”

我们应当从记忆中抹去一切使我们消沉、痛苦、讨厌的事情，只有把这些放下了，忘记了，我们才能重新开始一种人生。所以，对于那些经历，唯一值得去做的，就是彻底地埋藏它。每个人都应该把忘掉一切不愉快的、不幸的人或事视作一条人生的规则。

整日想着那些不幸的经历和已经错误的路途，只会越来越加剧自己的伤痛，而那样的过去只会让你对未来的看法越来越厚重、黑暗，越来越可怕。忘掉它们，把它们从记忆中逐出，就像把一个盗贼从自己家逐出一样。

失败抬头，胜利低头

人一旦停滞在昨天、过去，就会产生杂念，有执着恋旧之心，便会痛苦、怨恨、嗔怒、不甘心。

世事未必能尽如人意，有欣喜，当然也有黯然。它虽然有成串的欢笑，当然也有令人沮丧而泣的时刻，但那都只是过眼云烟，终不能永远定格在生命之中。

1954 年，巴西的男女老少几乎一致认为，巴西足球队定能荣获世界杯赛的冠军。然而，天有不测风云，足球的魅力就在于难以预测。在半决赛时，巴西队意外地输给了法国队，结果没能将那个金灿灿的奖杯带回巴西。

球员们比任何人都更明白，足球是巴西的国魂，他们懊悔至极，感到无脸去见家乡父老。他们知道，球迷们的

辱骂、嘲笑和扔汽水瓶子是难以避免的。

当飞机进入巴西领空之后，球员们更加心神不安，如坐针毡。可是，当飞机降落在首都机场的时候，映入他们眼帘的却是另一种景象：巴西总统和两万多名球迷默默地站在机场，人群中有一条横幅格外醒目："这已经是过去！"

球员们顿时泪流满面，低垂的头都扬了起来。

4 年后，巴西足球队不负众望，赢得了世界杯冠军。

回国时，巴西足球队的专机一进入国境，16 架喷气式战斗机即为之护航。当飞机降落在道加勒机场时，聚集在机场上的欢迎者多达 3 万人。在从机场到首都广场将近 20 公里的道路两旁，自动聚集起来的人群超过了 100 万。这是多么宏大和激动人心的场面！人群中又出现了 4 年前那条横幅："这已经是过去！"

球员们慢慢地把高高扬起的头低了下来。

人的一生是个漫长的过程，所有眼前的事情在时间的长河里都显得那样的渺小，真正值得去做的不是缅怀往昔，而是重新开始继续创造未来。

中国人总是喜欢怀念过去，并视之为一种睿智的生活态度。"八仙"里的张果老倒骑毛驴，以一种幽默的行走姿态成为这种观念的"形象大使"：访过千万人，不如这老汉；不是倒骑驴，万事回头看。

生命旅途中，要记得扬起头来向过去挥手作别；也别忘记，低下头去和过去"恩断义绝"！

忘掉跑掉的大鱼

生活中，不少人都死死揪着已经生成的伤疤不放，即便它已过去；而我们多“怀念”它一次，它也就会更多地伤害我们一次，让我们更深地再疼一回，而它呢？就会再多得逞一次。一个伤疤要多久才能痊愈？其实完全取决于我们看待它的态度。

> 有个人喜欢偶尔钓钓鱼，有一次竟一连几天都懊悔不已，要说原因或许让人感到好笑。那天下午，他只钓了几条小鱼，不免心生几分焦虑，天色已晚，本来此时是鱼最易上钩的时候，可他水面上的漂儿却依旧纹丝不动，他想今天真是运气不好，大概不会有什么太大的业绩，正准备收竿回家，忽见鱼漂猛地扎入水中，大鱼上钩了！
>
> 他一时兴奋不已，鱼竿可能是提得太快了些，鱼竟然跑掉了，他顿足断言，跑掉的准是大鱼，也许是一尺多长的大鲤鱼，说不定是自己钓鱼史上最大的一条鱼呢？跑掉了这样一条大鱼，真是可惜，他感到懊悔不已。

跑掉的准是大鱼，这样的思维模式让这位朋友在日常生活中总是想起自己没钓到的那条他想象中的“大鱼”。所以，他也一直过着倒退却止步不前的生活。

成功的负荷、分歧带来的争吵、失恋带来的痛楚、矛盾留下的仇恨、距离带来的误会、名利带来的贪求与挫折，所有这些都曾是从你生命中跑掉的“大鱼”、破碎的过去。把它们忘掉，才能更轻松地生活。

人们常说：“好了伤疤忘了疼”，是对那些善忘者的讽刺挖苦。殊不知，这正是保护自我的一种有效方式。在我们的一生中，凡是次要的、破碎的，都应该忘记。

其实，人之所以成为世上最聪明的动物，一个重要的原因是人在记忆力上有一种自我调节机制：忘记大多数事情，而有选择或下意识地记住一些事情。这使得人能够及时摆脱那些不愉快的、可能会影响心情和健康的事情或记忆。

拥有并维持这种遗忘，既是摆脱过去的破碎与伤疤的前提，也

是一个人获得成功和快乐的关键。

唯有自救才能救你

人生发生各种各样的不幸都是在所难免的，如何对付过去人生遇到的各种不幸？安东尼·罗宾提出忠告：把苦恼、不幸、痛苦等人生不可避免的一部分忘掉。

当你遇到不幸时，你得抬起头来，严肃对待，并且说："这没有什么了不起，它不可能打败我。"然后，你就要不断向自己重复使人愉快高兴的话："这一切都会过去。"

有时候，不如意的事一桩又一桩地向人们袭来，人生有时候还真是凑巧。

> 杰西和凯林是兄妹，他们原本生活在一个富裕且幸福的家。可是，突袭而来的两次重击，让这个家的欢笑不复存在。因为，兄妹都遭遇了一场飞来的横祸。
>
> 先是杰西，毕业之后，他与朋友一起开始创业，几年下来赚了不少钱，雄心壮志的他认为，这么好的开始，肯定会成就一番事业。然而，天不遂人愿，在他满怀信念地继续前行时，手头所有资金却被信赖的友人算计夺走了。那时他还很年轻，还有很多东山再起的机会，但他却被受骗受害的惨痛记忆折磨着，再也跨不出成功的一步，只能沦为生活的阶下囚。看似上了一次当，其实一生都上了当。
>
> 原本一个家庭中遭此劫已经是伤痕累累了，然而，这里伤疤未愈，那边竟又生新祸了。
>
> 刚上高中的凯林，在一次放学回家的路上，被一群无业游民盯住，最后可怜无助的凯林被那群罪恶至极的人强暴了。此后，她被痛苦的记忆折磨着，不得不放弃学

业，此后不再和男性交往，将自己完全封闭，过着黯淡的人生。她虽然只受害一次，却似时时都惨遭强暴，导致从今往后的日子，都是郁郁寡欢地苦度，终于，不堪的精神负担让她患上严重的抑郁症。

如果，杰西和凯林能从过去的经历中解脱，勇敢面对未来，那未来的曙光必定会属于他们，因为年轻没有失败，何况他们都只是在懵懂的年龄里被无辜地伤害了一次，仅此一次。

忘记是对痛苦的解脱。尽管忘记过去是十分痛苦的事情，但是，只要你因为过去发生的事情而损害了目前存在的意义，你就是在毫无意义地损害你自己。如果不学会忘记，让那些伤心事、烦恼事、无聊事永远萦绕于心头，在心中烙下永不褪色的印记，那就等于背上了沉重的包袱、戴上无形的枷锁，就会让自己活得很累很苦。不愉快的记忆要舍弃虽然很难，但是远比一直被它折磨拖累着要容易。

唯有自救才可以救你，你必须自救。因为经历的人是你，没有人能完全将你救出，只有你自己。唯有你清楚自己的心哪里最痛，哪里该止痛安抚。你或许能得到他人的帮助，但关键还在于你要自己跳出火坑。如果我们善于忘记，把过去不该记住的东西统统忘掉，那就会给我们带来心境的愉快和精神的轻松。当然，忘记过去并不意味着忘记你的记忆，它指的是忘记过去对自己没有意义的事情，而不是要你忘掉过去有益的事情。因为那些有益的事情会使你更幸福、更有效地生活。

面对所遭遇的巨大不幸，要自己宽容自己，这也许是最难克服的人生挑战。大多数人认为：宽恕自己比宽恕他人要难得多。没有任何一种惩罚比自我责备更为痛苦了。

切记：坏的东西也可以引出好的结果，只要吸取教训，从中得益，就能战胜曾经的危机。

断箭的意志

不相信自己的意志，永远也做不成将军。

春秋战国时代，一位父亲和他的儿子出征打仗。父亲已做了将军，儿子还只是马前卒。又一阵号角吹响，战鼓雷鸣了，父亲庄严地托起一个箭囊，其中插着一支箭，父亲郑重地对儿子说："这是家传宝箭，佩带身边，力量无穷，但千万不可抽出来。"

那是一个极其精美的箭囊，厚牛皮打制，镶着幽幽泛光的铜边儿，再看露出的箭尾，一眼便能认定用上等的孔雀羽毛制作。儿子喜上眉梢，贪婪地推想箭杆、箭头的模样，耳旁仿佛嗖嗖的箭声掠过，敌方的主帅应声落马而毙。

果然，佩带宝箭的儿子英勇非凡，所向披靡。当鸣金收兵的号角吹响时，儿子再也禁不住得胜的豪气，完全背弃了父亲的叮嘱，强烈的欲望驱赶着他呼的一声就拔出宝箭，试图看个究竟；骤然间他惊呆了：一支断箭，箭囊里装着一支折断的箭。

我一直挎着一支断箭打仗！儿子吓出了一身冷汗，仿佛顷刻间失去支柱的房子，轰然坍塌了。

结果不言自明，儿子惨死于乱军之中。

拂开蒙蒙的硝烟，父亲捡起那支断箭，沉重地啐一口道："不相信自己的意志，永远也做不成将军。"

把胜败寄托在一支宝箭上，多么愚蠢；而当一个人把生命的核心与把柄交给别人，又多么危险！比如把希望寄托在儿女身上，把幸福寄托在丈夫身上，把生活保障寄托在单位身上……

自己才是一支箭，若要它坚韧，若要它锋利，若要它百步穿杨，百发百中，磨砺它，拯救它的都只能是自己。

别再想着“如果当初”

别再哀痛昨天的失败，我们要从每一段错误中吸取教训，让更多宝贵的经验成为向前迈进的助力。

当昨天毫不留情地在生命中留下残羹冷炙时，与其为之哀痛，还不如选择洒脱地面对，也许，只有这样，才能继续涌动生命的活力。

在纽约曼哈顿的一家法国餐厅里，戈顿先生愁容满面地坐在里面，气色相当不好。

那天早上，他失去了一个相当重要的商业机会，现在他在这里等待一位老朋友的到来，准备好好向他倾诉这个烦恼。

戈顿的朋友是一位相当著名的精神科医生。他一走进来，戈顿就急着准备开口，但是，这时他的朋友却从口袋里拿出了一台录音机，戈顿看着他，完全不明白他的用意。

他的朋友说：“在这卷录音带上，我录了三个病人所说的话，你仔细听听他们说了些什么，也许你能从中找出其共性。”

戈顿认真地听着，很快便发现，录音带里的三个声音有一个共通点，那便是他们都很不开心。

第一个是男人的声音，他说的是关于生意上的损失和失败；第二个是女人的声音，她心酸地诉说每一段错过的姻缘；第三个是一位母亲，她十几岁的儿子被关进了监狱，这点让她很自责。

听完后，朋友说：“你听出来了吗？他们都用了两个

共同的词，就是‘如果’‘只要’。”

朋友继续对戈顿说：“‘如果’‘只要’这两个词并不能对既成的事实有任何改变，反而会使我们无法坦然面对错误，只会退缩而不敢前进。假使你用惯了这几个字，以后你也只会说‘之前如果怎样’，而不会想‘现在应该如何’了。”

戈顿听完后，感激地看着老朋友说：“谢谢，我知道要怎么做了！”

在生活中，遇上让自己懊悔或困扰的问题，我们不能想着“如果当初”，而是要想着“如何解决”，把问题的解决方法找出来，告诉自己：“下次我可以这么解决。”

如此一来，你就有了克服困难的能力，以后也不会有让你懊悔的事情发生，你的人生只有往前行动与继续生活的动力。

驴的哲学

人生必须渡过逆流才能走向更高的层次。

有一天，某个农夫的一头驴子不小心掉进一口枯井里，农夫绞尽脑汁想救出驴子，但几个小时过去了，驴子还在井里痛苦地哀号着。

最后，这位农夫决定放弃，他想这头驴子老了，不值得大费周折去把它救出来，不过无论如何，这口井还得填起来。于是农夫便请来左邻右舍帮忙一起将井中的驴子埋了，以免除它的痛苦。

农夫的邻居们人手一把铲子，开始将泥土铲进枯井中。当这头驴子了解到自己的处境时，刚开始哭得很凄惨；但出人意料的是，一会儿之后，这头驴子就安静下来了。农夫好奇地探头往井底一看，出现在眼前的景象令

> 他大吃一惊：
>
> 当铲进井里的泥土落在驴子的背部时，驴子的反应令人称奇——它将泥土抖落在一旁，然后站到铲进的泥土堆上面！
>
> 就这样，驴子将大家铲到它身上的泥土全数抖落在井底，然后再站上去。很快地，这只驴子便得意地上升到井口，然后在众人惊讶的表情中快步地跑开了！

就如驴的情况，在生命的旅程中，有时候我们难免会陷入“枯井”里，各式各样的“泥沙”会倾倒在我们身上，而想要从“枯井”脱困的秘诀就是将“泥沙”抖落掉，然后站到上面去！事实上，我们在生活中所遭遇的种种困难挫折就是加诸我们身上的“泥沙”。然而，换个角度看，它们也是一块块垫脚石，只要我们锲而不舍地将它们抖落掉，然后站上去，那么即使是掉落到最深的井里，我们也能安然地脱困。

当你的左眼被打时，一定要睁大你的右眼

事实证明，曾经一度使我们难以承受的痛苦磨难，不是完全没有价值的，它会使我们的思想人格更加成熟。我们不能因此消沉，而应该带着一颗感谢的心，将它们暂且忘怀掉，然后心怀信念继续前行。

因为有了信念，心田才不至于干枯，黑暗才不再漫长，日子才不会索然无味，清晨的第一缕曙光才会照耀自身。

> 美国著名电台广播员莎莉·拉菲在她 30 年的职业生涯中，曾经被辞退 18 次，可是她每次都放眼最高处，确立更远大的目标，从不让自己被之前的失败而牵绊。
>
> 起初由于美国大部分的无线电台认为女性不能吸引听众，她在一家电台谋求到一份差事，不久又遭辞退，说

她跟不上时代。莎莉并没有因此而灰心丧气，她总结了失败的教训并将它抛之脑后。她不断地告诫自己，万万不可停滞在从前的失败之中，有过的失败只属于过去，谁能预料我自己的明天呢？

后来，她又向国家广播公司电台推销她的节目构想，电台勉强答应了，但提出要她先在政治台主持节目。“我对政治所知不多，恐怕很难成功。”她也一度犹豫，但坚定的信心促使她去大胆地尝试了。她对广播早已轻车熟路，于是她利用自己的长处和平易近人的态度，大谈即将到来的7月4日国庆节，她的听众立刻对这个节目产生兴趣，她也因此而一举成名了。

如今，莎莉·拉菲尔已经成为自办电视节目的主持人，曾两度获得重要的主持人奖项。她说：“我被人辞退18次，本来可能被这些厄运所吓退，做不成我想做的事情。结果相反，我让自己先从往日的困顿中走出来，然后以一颗轻松且热情的心面对，使它们鞭策着我勇往直前。”

一个人如果把眼光拘泥于过去的痛苦之上，他就很难再抽出身来想一想自己下一步该如何成功。

曾有一个拳击运动员说：“当你的左眼被打伤时，你得忘记它给你带来的伤痛，而且你只有把右眼睁得大大的，才能够看清敌人，也才能够有机会还手。如果因为怀念左眼而将右眼闭上，那么不但右眼也要挨拳，恐怕命都难保！”拳击就是这样，即使面对对手无比强劲的攻击，你还是得从过去的双眼过渡到只剩下右眼的现实中，并且还得睁大眼睛面对受伤的感觉，如果不是这样的话，一定会惨败。其实人生又何尝不是这样呢？

大哲学家尼采说过：“受苦的人没有悲观的权利。”已经受苦了，为什么还要被剥夺快乐的权利呢？因为受苦的人必须克服困境，因为苦已经都受了，悲伤和哭泣只能加重伤痛，所以不但不能悲观，而且要比别人更积极。

攀登过珠穆朗玛峰的人都知道，凡是在途中说“我撑不下去了，让我躺下来喘口气”的同伴，很快就会死亡，因为当他们不再走、不再动时，他们的体温就会迅速降低，很快就会被冻死。在人生的战场上，如果失去了跌倒以后再爬起来的勇气，除了得到彻底的失败，我们还能得到什么呢？

人生在世，总会遭受不同程度的苦难，世上并没有绝对的幸运儿。曾经的苦难可以激发生机，也可以扼杀生机；可以磨炼意志，也可以摧毁意志；可以启迪智慧，也可以蒙蔽智慧；可以高扬人格，也可以贬抑人格：全看受苦者的素质如何。

如果无法改变厄运对我们的磨难，那么就勇敢地接受它吧。虽然我们有足够的理由怨恨，但却没有能力承受怨恨再次带给我们的伤害。所以，绝对不能被厄运所打倒，一定要从被击败的地方重新爬起来，忘记昨日的苦与痛，创造今天的甜与美。

灰烬中振作起来的卡莱尔

在生命最脆弱的时候，有人可以创造生命奇迹；在生命最艰难时，有人可以开创全新的未来。那么身体健全、平顺无灾的我们，又怎能因为有过不堪回首的意外痛苦和打击而绝望、颓废、丧气呢？

英国史学家卡莱尔费尽心血，经过多年的努力，总算完成法国大革命史的全部文稿，他将这本巨著的原件送给他的朋友米尔阅读，请求批评指教。

谁知隔了没几天，米尔脸色苍白浑身发抖地跑来，他向卡莱尔报告了一个悲惨的消息。原来法国大革命史的

原稿，除了少数几张散页外，已经全被他家里的女佣当作废纸，丢入火炉化为灰烬了。

失望突然间充塞于卡莱尔心间，因为这是他呕心沥血撰写的法国大革命史。当初他每写完一章，随手就把原来的笔记撕成碎片，所以没有留下任何记录。

但第二天，卡莱尔重振精神，又买了一大沓稿纸。后来他说："这一切就像我把笔记本交给小学老师批改时，老师对我说：'不行！孩子，你一定要写得更好些！'"

如果当初卡莱尔只是一味地让自己在原地哀伤、愤怒，那也不会有他后来再次问世的巨著了。

正因为卡莱尔自己早早地悟到了，人不可能自始至终停留在以往之中而裹足不前，所以，后来他又一次成功了。

而我们现在所读到的法国大革命史正是卡莱尔重新写过的。

突如其来的意外和打击，可能会让你绝望，留下重创或从此失去一切。但当你能够接受这个现实，并重新开始时，你就已经在开始向成功迈进了。

诺尔曼·文森特·皮尔说："确信自己被打败了，而且长时间有这种失败感，那失败可能变成事实。"如果你的内心认为自己失败了，那你就永远地失败了；而如果你不承认失败，只是认为这是人生一时的挫折、过去的一段历史，那你就会有成功的一天。

很多人之所以害怕坦然面对曾经的失败，是因为他们害怕失去自信心，他们总是试图将自己置于万无一失的位置。不幸的是，这种态度也把他们困在一个不可能做出什么杰出成就的位置。

还有些人惧怕失败，是因为他们害怕失去第二次机会。在他们看来，万一失败了，就再也得不到第二个争取成功的机会了。如果这些人都知道，多少著名的成功人士都曾失败过，但没有被失败的阴影所围困，而是勇敢地迈出黯淡的旅途，走向光明的天地，就会给他们增添更多的希望。

不理睬他人劝告的老人

人生在世，做错事、产生过失是不可避免的，但能抬起双脚重新走上另一个正确的方向，才是当下该做的事情。

日常生活和工作中，难免有不可挽回的事情发生。有的人总是沉浸在后悔之中。殊不知，当你为已经过去的事后悔时，实际是在给你的生命支付过多的成本。

英国大剧作家莎士比亚说过："聪明的人永远也不会坐在那里为他们的损失而悲伤；相反，他们都会很高兴地找出办法来弥补他们的遗憾。"虽然人应该避免犯错误，但是人无完人，犯错误不可避免。人生没有回头路，当你认识到做错了事，走错了路，应该做的是及时地改正错误，调整方向，而不是为错误不断地懊悔。

一位老者背着一个大花瓶，走在熙熙攘攘的人群中。有人告诉他，他的花瓶裂了一道大口子，老人没理睬；过了一会儿，又一个人告诉他，他背上的花瓶裂了一大口子，老人还是默默地只顾走自己的路。这时，路边一个年轻人觉着好奇，跟随老人想看看老人是否真有点儿傻。这时，又有一个人对老人说，他背上的花瓶已经裂了，老人还是没理睬。年轻人沉不住气了，抢先几步，站在老人的面前大声地说：

"大爷，你的耳朵是不是聋啊？"

大爷说："小伙子，大爷的耳朵不聋。"

小伙子说："不聋，你怎么对前面几位好心人的话不理呢？"

大爷说："先前那位告诉我时，其实我就知道这花瓶裂了。素不相识，谁能跟我开玩笑，还不是看我年老体迈为我好？可为什么我又没有回应呢？因为我在想：买花瓶虽说花费了不少钱，现如今它裂了。事情已经是这样了，就不可能是别样。此时此刻我想的是回家如何利用这个裂花瓶。如果一个个地与那些人解释，我还赶不赶路？做事，自己心里有数就行了，不要太顾及他人说什么。”

有些事情，就像花瓶裂了，已经无法挽回了，所以大可不必为之煞费心思。明智的对待方法是知道今后如何避免，接着忘掉，然后把心思放在将要做的事上就可以了。

别拿过去的卑微惩罚自己的一生

沉溺于过去，会分散你的注意力，当你不安的时候，过去仿佛是一个理想的避难所，但它是不真实的。你总是以各种形式把自己隐藏在过去中：给过去涂上一层浪漫的色彩，对过去的一切感到遗憾。但是，只有两种对待过去的方式对你有好处：一是学会欣赏过去，二是从过去中学习。

给过去涂上一层浪漫的色彩是非常有诱惑力的。记住过去愉快的经历使人快乐，但是如果拿过去和完全不同的现在做比较，快乐就会失去。

过去一去不复返，此时此刻才是活力的源泉、真正力量的来源。

在美国历史上，伊东·布拉格是第一位获得普利策奖的黑人记者，当同行采访布拉格，询问他的获奖感受时，他在麦克风面前讲述了一段令人感慨的经历：“我小时候，家里非常穷，我父亲是个水手，他每年都来来回回地穿梭于大西洋的各个港口，尽管如此，挣的钱依然不够维持全家人的生活。面对这种处境，我非常沮丧，因为我一直认为，像我们这样地位卑微、贫穷的黑人不可能有出息。抱着这种想法，我浑浑噩噩地上学，可想而知，成绩也好不到哪儿去，就这样，我在自己设定的围墙下过了10多年。有一天，父亲突然对我说：‘现在你长大了，应该带你出去见见世面，我希望你的生活能和父母不同，能摆脱从前的贫穷而有所成就。’听了父亲的话，我暗想：有成就？怎么可能呢？我不过是个穷黑人的儿子。尽管如此，我依然听从父亲的安排，随他一起去参观了大画家梵·高的故居。在这间狭小、几乎空空如也的屋子里，我看见了一张小木床，还有一双裂了口的皮鞋。我很惊讶，这位著名画家的生活居然如此简陋！我问父亲：‘梵·高不是个百万富翁吗？他怎么会住在这种地方？’父亲说：‘儿子，你错了，梵·高曾经是个穷人，是个比我们还要穷的穷人，他甚至穷得娶不上妻子，可是他没有向昨日的贫困屈服。’这段经历让我对以前的看法产生了疑惑，我想：我是否也可以从过去的碌碌无为中摆脱出来，而有些出息呢？梵·高不也是个穷人吗？他为何知道自己只不过是昨日的穷人而非现在、将来的穷人呢？第二年，父亲又带着我到了丹麦，我们游走于安徒生的故居内，这里的环境比梵·高的居所强不了多少，我更惊讶了，因为在安徒生的童话中，到处都是金碧辉煌的皇宫，我一直以为他也和书中的人物一样，住在皇宫里。我向父亲提出了自己的疑问：‘爸爸，难道安徒生不是生活在皇宫里吗？’父亲看着我意味深长地说：‘不，孩子，安徒生是个鞋匠的儿子，你喜欢的那些童话就是他在这栋阁楼里写出来的。’直到这时，我才终于明白，父亲为什么带我参观梵·高和安徒生的故居，其实他想告诉我：不要在乎过去所过的生活如何贫穷，尽管我们是穷人，身份很卑微，但这丝毫不影响我们往后成为一个有出息的人。”

对于一时的贫穷，我们要坚信，从踏出生命旅程的那一刻起，我们就告别了贫穷，摒弃了过去。抬眼瞻仰前方，只剩下期待我们去创造的美好未来，只要我们风雨兼程，勇往直前，终会换来专属于自己的一片碧朗晴空。

沉溺于过去的贫困中不能自拔，会使你远离自己的心灵，把自己囚禁起来。

如果你对过去的一切感到遗憾，那么你忽略了过去赐给你的礼物。你把自己当成了受害者，拒绝承认自己是强大的创造者。如果你感到内疚，觉得不应该那么做，那么你对自己就太苛刻了。如果当时你了解得再多一些，你可能不会那么做，但是，你那么做完全是在自己所知的范围内尽力而为。有了孩子，你才能学会做父母；有了过去的经历，你才能学会做自己。信任自己过去所取得的进步，但不要为过去的遗憾喋喋不休。

从过去的失败和胜利中学习是重要的，但不要沉浸其中。不要让过去的经历分散你现在的精力。偶尔回忆一下是可以的，但不要驻留在回忆中。开车时，如果老是看后视镜，你会看不到前方的路。如果你需要从过去的经历中学习，过去的经验自然会出现，不要刻意寻找它们，它们会找上门。当你学会感谢生命中的每一件事，你便获得了自由。对过去的否认和断定，只会消灭现在和未来。

拿破仑曾说过："承认自己无能就是选择了失败，这种人最擅长的就是逃避生活，一事无成是他们必然的结局。"

生活中永远只有两种人——强者和弱者。如果你认为自己过去、现在注定只能成为一只鼠，那么最后的结果只有一个，就是成为猫的食物。而永不向生命妥协的人，最后一定能厚积薄发，成为一只凌空展翅的雄鹰。

感谢自己，可以重新开始

别放弃对生命喝彩的勇气

有一种人身上散发出一股自然的活力，那是我们无法预料的生命潜力。而开启它的唯一方法，就是不断地给自己的生命喝彩。

你还在为生命里失去的一些东西而难过吗？看一看窗外的天空吧！如果今天的你无法与昔日相比，想想，还有明天，把一切已成为过往的不如意化为积极向上的动力，面对今后的每一天，那么，我们便能跃过每一个低谷，永远屹立在生活的最高峰，就像杰米·杜兰特所经历的两个特殊的观众一样。

杰米·杜兰特是一位著名的艺术家，他曾被邀请参加一场慰问第二次世界大战退伍军人的表演，但他告诉邀请单位自己行程很紧，只能做一段独白，然后必须马上赶赴另一个地方去表演。可是后来他居然表演了30分钟，安排表演的负责人感到不解，杰米·杜兰特解释说："我本打算离开，如果你想明白我为何留下，就自己去看看第一排的观众吧。"

第一排坐着两个男人，他们都在战争中失去了一只手。一个失去了左手，一个失去了右手，但他们可以一起鼓掌。

当他们鼓掌时，拍得又开心又响亮。如果不是对生活充满爱和眷恋，失去一只手的人又怎么可能努力地为小小的精彩而鼓掌呢？他们失去了一只手，但是他们没有放弃为生命喝彩的勇气和机会，他们得到的是包括杰米·杜兰特在内的无数人的尊敬和仰慕。

生命历程中，如果所得已经够多，即便是再增加，也不觉得欣喜，稍有所失，便惶惶恐恐；如果所失已经太多，就是再失，也不感到痛惜，稍有所获，便十分快乐。如此说来，得意何尝不是失意之由，失意又何尝不是得意之始呢？

人世间，凡事都是失之东隅，必然收之桑榆，只是你可能一味地盯着失，而并未意识到得罢了。比如，夫妻离婚了，在失去婚姻的同时，也得到了追求良缘的机会；亲密爱人移情别恋，在失去恋情的同时，也应该庆幸现在的及早分手，避免了浪费今后太多的时光；失意于钱赚得少，却可得意于不用为了储蓄投资而烦心。

对已铸成之事，且轻快地加以承受，一切生命都应该敢于去寻求最艰苦的环境，正是在最困厄的境遇中，才能发现自己，认识自己，从而锤炼自己，彰显自己，最后完成自我升华。所以我们大可以鼓起勇气，对生命喝彩，为人生呐喊。

把另一只鞋子扔掉

甘地有一次外出，在火车将要启动的时候，急匆匆地踏上车门，不小心一只脚被夹了一下，鞋子掉在了门外。火车启动了，他没有犹豫，随即将另一只鞋脱下来，也扔出窗外。一些乘客不解地问他为什么要把另一只鞋也丢掉，甘地说："这一只鞋无论多么昂贵，对我而言已经没有用了。如果一个穷人正好从铁路旁经过，他就可以得到一双鞋，而不是一只鞋。"

事情看起来并不惊天动地，甚至是很随意的一个举动，却能勾起我们的许多联想，得到许多有益的启示。甘地在失去一只鞋子后，马上就把另一只鞋子也扔了出去。他在自己失去时还能立刻想到别人的"拥有"。他不仅仅成全了一双鞋子，同时也可能完成了一个光脚人拥有鞋子的心愿。作为普通人，我们如果丢掉一只鞋子以后，便会产生一种幽怨的情绪，甚至也知道留着另一只也没用将其扔掉，但不可能产生像甘地那样的想法或者做出甘地那样的举动。这就是伟人和凡人的不同。

正是由于甘地时刻想着别人——尤其是那些贫穷的人，当地人称他为“圣雄”。甘地领导的和平独立运动最终取得了成功，他也成为印度历史上最受尊敬的人。

凡事都有两面性，欢乐与悲伤，拥有与失去，看似互相对立、互相矛盾，实则互相关联，往往只在心念一动之间便天翻地覆、沧海桑田。

其实放弃，并不是无所作为，恰恰相反，只有适当地放弃，才能有所作为。放弃也是一种美，当我们懂得放弃什么时，才能真正领悟到更多的人生哲理。

那一棵受伤的苹果树

只有经历了挫折和伤害，激发起生命深层次的东西，集中力量及营养在开花结果上，才能绽放出灿烂的花，结出硕大的果，散发出迷人的生命的馨香！

他是一个敏感的人，敏感的人往往很容易遭受挫折。

在与人交往中，别人不经意的一句话、一个不友好的眼神都让他思虑再三，不时受着心灵的煎熬，所以他经常受伤。他也不愿意经常待在家里，因为父亲想让他成为一个成功的商人或者在政府部门任职，而他接连让父亲失望。在父亲眼里，他是一个彻底的失败者，十足的无用之物，所以父亲见到他，经常咆哮着骂他。

他对祖父的农场很感兴趣，甚至有段时间他想成为一个农夫。在祖父的农场，他向祖父不断抱怨：“为什么

我的性格是这样？为什么受伤的总是我？”老人家并未言语，而是带他去苹果园转转。

在一棵倒下的高大苹果树前，他们停了下来。祖父问道：“你看这棵树与周围的苹果树相比有何特别？”他答道：“这棵树比周围的苹果树高多了，但主干较细，枝叶也较密，小枝条多，而且结出的果实又少又小。”老人呵呵一笑道：“不错，你的观察很细腻也很正确，它是6年前种的，那时心太软，不忍让它受伤，总舍不得折断它的主干，清理它多余的枝条，结果使它疯长而不结果，两年前才开始为它剪枝。这两年结了些果实，可零零星星就那么几个，但昨夜一场暴风雨把它给折断了。”接着，祖父又感叹说：“没有经历过挫折和伤痛，碰上真正的打击就把它给毁灭了。”

走到另一棵枯树前，祖父问道：“你看这棵树和周围的苹果树有什么不同？”他答道：“死树，主干粗，有许多树枝折断的痕迹，树身有疤痕。”祖父说：“我种下它的第一年就把它的主干给折断了，并且每年剪枝压枝，它第三年就结果了。可是去年，我剪枝剪得多了些，还在其支干上砍了几刀，没想到，竟不发芽了，现在已开始有朽木出现了。”稍稍一顿，祖父又指了指旁边的那棵苹果树，说：“它和那棵枯死的树遭受了同样的伤害，却坚强地活了下来，把营养及力量都用在了果实上，你看现在，高大粗壮，枝繁叶茂，硕果累累。”

接着，祖父陷入了沉思。过了一会儿，喃喃自语道：“没有经历过挫折和伤害，看似很快乐地生长，其实很脆弱，在真正的风雨面前便会遭遇灭顶之灾；而遭受了伤害，自暴自弃，任伤口散发着糜烂的气息，只会成为一块朽木。别总抱怨为什么受伤的总是我，只有经历了挫折和伤害，激发了生命深层次的东西，集中力量及营养在开花结果上，才能绽放出灿烂的花，结出硕大的果，散发出迷人的生命的馨香！”

他若有所悟。

回到自己的生活轨道，他依旧经常受伤，可是，正因为如此，他对人性及生命有了更为深刻的体会与思考，并加倍努力。不久，他这棵伤痕累累的大树便结满了令人叹为观止的果实。他写出了《地洞》《变形记》《判决》《诉讼》《城堡》等享誉世界的小说，而他本人也被誉为20世纪文学史上的杰出人物，现代文学的鼻祖。

他就是奥地利著名小说家弗兰茨·卡夫卡。

过不了河就摘一枚果子

一个男孩来到路旁的修鞋摊前，他把双手插在口袋里默默地看着修鞋老人给他修鞋。

过了一会儿，老人对他说：“我想你该做点什么。”男孩说：“我帮不上你什么忙！”老人问：“为什么？”男孩从口袋里拿出双手：“你看，叫我怎么帮你？”他的两只手残疾了，全部扭曲着。老人看了一眼他的手，摇摇头说：“不，我说的不是让你用手帮我做什么，我只是想让你和我说说话，其实这才是我最需要的。孩子，只要有一颗心就可以了，能给我讲讲你的经历吗？”

望着慈祥的老人，男孩讲述了童年时高压电怎样夺去了他的双手，这些年来所遭受的歧视以及自己逐渐养成的冷漠……听完男孩的讲述，老人说：“我爷爷曾给我讲过这样一个故事：一群人奉皇帝之命去追捕一只巨獭，追出了好远，眼看要捉到了，忽然前面出现了一条大河，

巨獭跳入河中飞快地向对岸游去，很快上了岸逃跑了。这些人傻了，河上没有桥，岸边也没有船，他们只好眼睁睁地看着巨獭跑掉。有一个人在别人懊丧谩骂之时，发现岸边有一片林子，树上长着许多果子，他便顺手摘了一枚放在怀里。回去复命时，别人都遭到了皇上的责罚，他却受到了嘉奖，就因为他摘了一枚果子回来。”

老人感慨地说：“我爷爷总是告诉我，凡事不要钻牛角尖，与其自怨自艾，不如看看周围有没有别的收获，过不了河就摘一枚果子，便没有白跑那段路。”

男孩的心一动，他忽然明白，人生其实也是这样，有时候我们无法改变生活，却可以改变对待生活的态度。人生之路漫长遥远，途中会有许多值得采摘的东西，不要因为一时的失意而怨天尤人。如果你为失去太阳而哭泣，那么你也失去了群星。只要用心去感受生活，一定会采摘到许多弥足珍贵的果子。

学会自制

罗马不是一天建成的，同样，强韧的自制力也是在生活中一步步地建立起来的，它是一个缓慢的过程，有时需要几个月、几年，甚至几十年，才能完全改变一个人的意志力。尽管它的形成只在童年的一个阶段，但如果不能自我控制，它会伴随你的一生，人的一生如果缺乏自制力的话，那么就很容易犯这样或那样的错误，难有所成。

罗斯福被公认为美国历史上身体最健康、意志最坚定的领导人。但是，这位政治家并非生来如此。小时候的罗斯福有十分严重的哮喘病，虚弱得甚至无法吹灭床边的蜡烛。回忆童年，罗斯福总会这样形容自己：“一个体弱多病的男孩”和“一段悲惨的时光”。小罗斯福视力很差,身体异常瘦削,他身体的状况糟糕得让他的父母都不敢肯定他是否还可以活下去。不过,罗斯福还是活了下来。

罗斯福回忆道:“由于既虚弱又笨拙,所以我对自己毫无信心。我需要严格地训练自己的身体,更需要强化自己的意志和精神。”罗斯福明白,要想成为自己希望的那种人,则必须通过磨炼来塑造自己。

罗斯福在接受记者采访时说:“关于我一生经历的各种战役,人们谈论得很多。其实,最艰难的一场战役只有我一个人知道,那就是战胜自己的战役。”接着,罗斯福描述了这场如何驾驭自身的战役:“只有通过实践锻炼,人们才能够真正获得自制力。也只有依靠惯性和反复的自我控制训练,我们的神经才有可能得到完全的控制。从反复努力和反复训练意志的角度上而言,自制力的培养在很大程度上就是一种习惯的形成。”

罗斯福对自制力的训练贯穿了他的一生,也融入了他的日常活动中。即便是在总统任职期间,他仍然坚持自己的实践训练。在他入住白宫的那些日子里,就像罗斯福自己所说的那样:“我总是在下午尽量抽出几个小时进行体育锻炼——打网球,骑马,有时也行走在崎岖的乡间小路上。”在给朋友的一封信中,罗斯福写道:“今天上午,在白宫接待处,我与 6000 个人握手;下午,我与 4 个孩子以及他们的十几个表兄弟和朋友们一起痛快地骑马 2 小时。我们跨越栅栏,穿过山丘,一起在平地上飞奔。”

值得一提的是,罗斯福一开始并不是一位有决心、有毅力、身体健康、意志坚强的人。然而,自制力的锻炼使他最终成为人们心中的伟人:美国历史上最年轻的总统;荣获“诺贝尔和平奖”;连续骑马超过 100 英里,亲自为军队示范他们应该具备的身体素质;胸

部中弹后，在被送往医院前，坚持演讲了90分钟；30多本书的作者……

看样子，曾经在自画像中的“胆小的、可怜的家伙”干得可真不赖呀！所有这一切的成就，就像罗斯福自己明确表示的那样，很大程度上归功于高度的自制力。

做自己高兴做的事，或者采取一种不顾一切的态度并不是真正的自由。如果任凭感情支配自己的行动，那便使自己成为感情的奴隶。

保持积极的心态

人与人之间只有很小的区别，但这种很小的区别却往往造成了巨大的差异。很小的区别就是所具备的心态是积极的还是消极的，巨大的差异就是成功与失败。

古时有一位国王，梦见山倒了，水枯了，花也谢了，便叫王后给他解梦。王后说：“大势不好。山倒了指江山要倒；水枯了指民众离心。君是舟，民是水，水枯了，舟也不能行了；花谢了指好景不长了。”国王惊出一身冷汗，从此患病，且愈来愈重。

一位大臣要参见国王，国王在病榻上说出他的心事，哪知大臣一听，大笑说：“太好了，山倒了指从此天下太平；水枯指真龙现身，国王，你是真龙天子；花谢了，花谢见果子呀！”国王全身轻松，很快痊愈。

有这样一个老太太，她有两个儿子，大儿子是染布的，二儿子是卖伞的，她整天为两个儿子发愁。天一下雨，她就会为大儿子发愁，因为不能晒布了；天一放晴，她就会为二儿子发愁，因为不下雨二儿子的伞就卖不出去。老太太总是愁眉紧锁，没有一天开心的日子，弄得疾病缠身，骨瘦如柴。一位哲学家告诉她，为什么不反过来想呢？天一下雨，你就为二儿子高兴，因为他可以卖伞了；天一放晴，你就为大儿子高兴，因为他可以晒布了。在哲学家的开导下，老太太以后天天都是乐呵呵的，身体自然健康起来了。

看来，事物都有两重性，问题就在于当事者怎样去对待它们。强者对待事物，不看消极的一面，只取积极的一面。如果摔了一跤，把手摔出血了，他会想：多亏没把胳膊摔断。如果遭了车祸，撞折了一条腿，他会想：大难不死必有后福。强者把每一天都当成新生命的诞生，对新的一天充满希望，尽管这一天有许多麻烦事等着他；强者又把每一天都当成生命的最后一天，倍加珍惜。

我们必须面对这样一个奇怪的事实：在这个世界上，成功卓越者少，失败平庸者多。成功卓越者活得充实、自在、潇洒，失败平庸者过得空虚、艰难、猥琐。

冬天到了，春天还会远吗？

积极的心态之所以会使人心想事成，走向成功，是因为每个人都有巨大无比的潜能等待我们去开发；消极失败的心态之所以会使人怯弱无能，走向失败，是因为放弃了巨大潜能的开发，让潜能在那里沉睡，白白浪费。

“冬天到了，春天还会远吗？”这是英国浪漫派诗人雪莱在《西风颂》里的名句。黑夜的尽头是黎明。不经一番风霜苦，哪得梅花扑鼻香？

生活是千变万化的，悲欢离合，生老病死，天灾人祸，喜怒哀乐，都在所难免。一次考试的失利，一场伙伴间的误会，一句过激的话语，都会影响一个人的心情。生活中不顺心的事总是很多，这就需要每个人学会调节自己的心态。最简单有效的做法是用积极的暗示替代消极的暗示。当你想说“我完了”的时候，要马上替换成“不，我还有希望”；当你想说“我不能原谅他”的时候，要很快替换成“原谅他吧，我也有错呀”……

平时要养成积极暗示的习惯，要对自己说“我能行”“太好了”，学会积极暗示、光明思维、换位思考、多角度思考。

任何成功者都不是天生的，成功的根本原因是开发了人的无穷无尽的潜能，只要你抱着积极的心态去开发你的潜能，你就会有用不完的能量，你的能力就会越用越强。相反，如果你抱着消极心态，不去开发自己的潜能，那你只有叹息命运不公，并且越消极越无能。

奇迹终归是人创造的，而逆境中创造出的奇迹，会更凸显震撼力，会更体现出一个人的超凡智慧。

放弃是明智的选择

放飞手中的气球

他的父亲是纽约颇有名气的股票经纪人，母亲虽然是不起眼的店员，但很热爱音乐，一个与数字为伍，一个与艺术结缘。他从父母那儿继承了两份不同的天赋：数学和音乐。

他原本可以过上幸福生活，然而，在4岁那年，父母在吵吵闹闹中终于离了婚。父母离异之后，他随母亲生活，日子过得很清贫，好在母亲十分疼爱他，他的成长之路还算一帆风顺。他的母亲迷恋音乐，喜欢在绿茸茸的草地上唱歌，并且擅长多种乐器。

在母亲的熏陶下，他也喜欢上了音乐，并在幼年时暗下决心：长大后一定要当一名职业音乐人。

8岁那年，他随母亲到纽约市一座森林公园郊游，一路上和着母亲的歌，欢天喜地。一到目的地，他和往常一样，抓起几个五颜六色的气球在绿地上奔跑，欢快似出笼的小鸟。

看到气球，他母亲感慨颇深。儿子数学启蒙的道具正是这色彩斑斓的气球，从数数开始，便与它们结缘。5岁的时候，他的逻辑推理能力开始形成，不借助气球能心算三位数的加减法。不过在心算的同时，他手上仍不停地拨弄气球。每个孩子都有自己最喜欢的玩具，他也不例外，气球就是他最贴心的玩具。

他在公园的林间跑着，母亲在后面一边追，一边哼着小曲。母子嬉戏了一段时间，都感觉有点累，就停了下来，面对面地坐在地上休息。母亲从包里取出一只精致的口琴吹起来，林间立即回响起悠扬的琴声。

他瞪大眼睛，准备伸手向母亲要口琴，却又舍不得放开气球，左右为难之际，母亲停止了吹奏，朝他不住地发笑。在短短的几秒钟内，他做了选择，松开手，扑向母亲，索要她手中的口琴。气球在风中飘啊飘，倏地掠过树梢，飞向蓝天。

这一天，他学会了吹奏口琴，悠悠琴声响遍树林，这琴声也在他人生路上回响。从此，他懂得了选择，第一次知道该舍弃的应大胆舍弃，该抓住的要毫不犹豫地抓住。打这以后，他真正地走进音乐，并沉迷其间。

在乔治·华盛顿中学毕业后，他考进著名的纽约米利亚音乐学院，真可谓如鱼得水。但是，学业尚未过半，他发现自己在这方面很难有长进，对音乐产生了厌倦；与此同时，他对数学和经济产生了浓厚的兴趣。犹豫不决的时候，他想起了 8 岁那年在郊外放飞气球的情景，脑子里总浮现那几只飞向蓝天的气球。

冥冥之中，那几只气球给他暗示，也给他力量，他毅然决然地退了学，进入纽约大学商学院学习，开发自己另一份天赋。1948 年，他获得经济学学士学位。两年后，他又以最优秀的成绩获得经济学硕士学位，并到哥伦比亚大学深造。在哥伦比亚大学，他遇见了对他一生非常关键的良师益友——后来在尼克松执政时出任美国联邦储备委员会主席的亚瑟·博恩斯教授。

由于他家中贫困，无力支付大学的费用，被迫中途退学。他的学业就这么拖着，这一拖就是近 30 年。漫长的人生路上，他铭记放飞气球的教训，放弃了其他的东西，一心一意地关注经济，一刻也不放松对自己钟情的经济学的研究。

功夫不负有心人。1977年，51岁高龄的他终于戴上了哥伦比亚大学的博士帽。10年后，他被里根总统任命为美国联邦储备委员会主席，成了一位重量级人物。

他就是艾伦·格林斯潘。

我们的手中拿着许多“气球”，比如名利、财富、权势、地位、爱情，等等，但是，为了达到我们更远大的目标，充分实现我们的人生价值，必须放飞手中的气球。人生有尽，精力有限，只有放弃，才能腾出更多时间去创造。这个时候，不管手中的气球有多漂亮、多迷人，都要有放飞的决心。

人生充满诱惑、充满陷阱、充满机遇而又充满挑战，的确有许多让人“左右为难”的时候。一个聪明的人必须懂得选择，像艾伦·格林斯潘从放气球中领悟的那样：“该舍弃的应大胆舍弃，该抓住的要毫不犹豫地抓住。”

弹性生存

加拿大魁北克有一条南北走向的山谷。山谷没有什么特别之处，唯一能引人注意的是它的西坡长满松、柏、女贞等树，而东坡却只有雪松。

这一奇异景色之谜，许多人不知所以，然而揭开这个谜的竟是一对夫妇。1993年的冬天，这对夫妇的婚姻正濒于破裂的边缘，为了找回昔日的爱情，他们打算做一次浪漫之旅，如果能找回就继续生活，否则就友好分手。他们来到这个山谷的时候，下起了大雪，他们支起帐篷，望着满天飞舞的大雪，发现由于特殊的风向，东坡的雪总比

西坡的大且密。不一会儿，雪松上就落了厚厚的一层雪。不过当雪积到一定程度，雪松那富有弹性的枝丫就会向下弯曲，直到雪从枝上滑落。这样反复地积，反复地弯，反复地落，雪松完好无损。可其他的树却因没有这个本领，树枝被压断了。

妻子发现了这一景观，对丈夫说："东坡肯定也长过杂树，只是不会弯曲，才被大雪摧毁了。"

少顷，两人突然明白了什么，拥抱在一起。

生活中我们承受着来自各方面的压力，天长日久，越积越重，终将让我们难以承受。这时候，我们需要像雪松那样弯下身来，释下重负，才能够重新挺立，避免被压断的结局。

弯曲，并不是低头或失败，而是一种弹性的生存方式，是一种生活的艺术。

不要因倦怠而放弃

1984年，在东京国际马拉松邀请赛中，名不见经传的日本选手山田本一出人意外地夺得了世界冠军。当记者问他为什么取得如此惊人的成绩时，他说了这么一句话：凭智慧战胜对手。

当时许多人都认为这个偶然跑到前面的矮个子选手是在故弄玄虚。马拉松赛是考验体力和耐力的运动，只要身体素质好又有耐性就有望夺冠，爆发力和速度都还在其次，说用智慧取胜确实有点儿勉强。

两年后，意大利国际马拉松邀请赛在意大利北部城市米兰举行，山田本一代表日本参加比赛。这一次，他又获得了世界冠军，记者又请他谈经验。

山田本一性情木讷，不善言谈，回答的仍是上次那句话：用智慧战胜对手。这回记者在报纸上没再挖苦他，但对他所谓的智慧迷惑不解。

10 年后，这个谜终于被解开了，他在他的自传中是这么说的：每次比赛之前，我都要乘车把比赛的线路仔细地看一遍，并把沿途比较醒目的标志画下来，比如第一个标志是银行，第二个标志是一棵大树，第三个标志是一座红房子……这样一直画到赛程的终点。

比赛开始后，我就以百米的速度奋力地向第一个目标冲去，等到达第一个目标后，我又以同样的速度向第二个目标冲去。40 多公里的赛程，就被我分解成这么几个小目标轻松地跑完了。起初，我并不懂这样的道理，我把我的目标定在 40 多公里外终点线上的那面旗帜上，结果我跑到十几公里时就疲惫不堪了，我被前面那段遥远的路程给吓倒了。

在现实中，我们做事之所以会半途而废，这其中的原因往往不是因为难度较大，而是觉得成功离我们较远。确切地说，我们不是因为失败而放弃，而是因为倦怠而失败。在人生的旅途中，我们稍微具有一点山田本一的智慧，一生中也许会减少许多懊悔和惋惜。

不经历风雨，怎能见彩虹

鉴真大师刚刚遁入空门时，寺里的住持让他做了谁都不愿做的行脚僧。

有一天，日已三竿了，鉴真依旧大睡不起，住持很奇怪，推开鉴真的房门，见床边堆了一大堆破破烂烂的瓦鞋。住持叫醒鉴真问："你今天不外出化缘，堆这么一堆破瓦鞋做什么？"鉴真打了个哈欠说："别人一年一双瓦鞋都穿不破，我刚剃度一年多，就穿烂了这么多的鞋子。"

住持一听就明白了，微微一笑说："昨天夜里落了一场雨，你随我到寺前的路上走走看看吧。"寺前是一段黄土坡，由于刚下过雨，路面泥泞不堪。

住持拍着鉴真的肩膀说："你是愿意做一天和尚撞一天钟，还是想做一个能光大佛法的名僧？"

鉴真答："想做名僧。"

住持捻须一笑："你昨天是否在这条路上走过？"鉴真说："当然。"

住持问："你能找到自己的脚印吗？"

鉴真十分不解地说："昨天这路又干又硬，哪能找到自己的脚印？"

住持又笑笑说："如果今天我们在这路上走一趟，你能找到你的脚印吗？"

鉴真说："当然能了。"

住持听了，微笑着拍拍鉴真的肩说："泥泞的路才能留下脚印，世上芸芸众生莫不如此啊。那些一生碌碌无为的人，不经历风雨，就像一双脚踩在又平又硬的大路上，什么也没有留下。"

鉴真恍然大悟。

是啊，只有那些在风雨中走过的人们，才知道痛苦和快乐究竟意味着什么。那泥泞中留下的两行印迹，就证明着他们的价值。

生物学家说，飞蛾在由蛹变茧时，翅膀萎缩，十分柔软；在破茧而出时，必须要经过一番痛苦的挣扎，身体中的体液才能流到翅膀上去，翅膀才能坚韧有力，才能支持它在空中飞翔。一天有个人凑巧看到树上有一只茧蠕动，好像有蛾要破茧而出，于是他饶有兴趣地准备见识一下由蛹变蛾的过程。

但随着时间一点点过去，他变得不耐烦了，只见蛾在茧里奋力挣扎，将茧扭来扭去的，但却一直不能挣脱茧的束缚，似乎是再也不可能破茧而出。最后，他的耐心用尽，就用一把小剪刀把茧上的丝剪了一个小洞，让蛾更容易一些摆脱束缚。果然，不一会儿，蛾就从茧里很容易地爬了出来，但是它身体非常臃肿，翅膀也异常萎缩，耷拉在两边伸展不起来。他等着蛾飞起来，但那只蛾却只是跌跌撞撞地爬着，怎么也飞不起来，又过了一会儿，它就死了。

"不经历风雨，怎能见彩虹"，任何一种本领的获得都要经历艰苦的磨炼，"宝剑锋从磨砺出，梅花香自苦寒来"。任何投机取巧或妄图减少奋斗而达到目的的做法都是拔苗助长般愚蠢的行为，那只飞不起来的飞蛾的经历就证明了这一切。任何香甜的果实都是勇士战胜艰难险阻，用自己的血汗浇灌的。我国第一部纪传体史书《史记》，就是司马迁在遭受宫刑之后，身心受到极度摧残的情况下完成的。而荣获世界五连冠的中国女排更是经历了一次次失败的考验，通过严格训练和顽强拼搏，才赢得了世界的瞩目。

现在有许多青年都在谈论人生。然而，他们对人生旅途的坎坷和曲折却往往估计不足，常常天真地把人生之路看得像机场跑道一样平坦笔直、像公园的小径一样到处盛开着鲜花。所以，当他们在前进的道路上遇到了困难和挫折时，便悲观迷惘彷徨。在人生的旅途上总是欢乐与悲伤并存，顺利与挫折交错，顺心和失意重叠，特别是那些有作为的人，在前进的道路上，常常是先有"山重水复疑无路"的逆境，几经奋斗，才迎来了"柳暗花明又一村"的坦途。

一开始就要认清这一点：要成功并不容易。想要获得成功就得要有战胜困难挫折的勇气和信心。

给自己树一面旗帜

在罗杰·罗尔斯上小学的时候，一天，校长皮尔·保罗拉着他的手说："我一看你修长的小拇指就知道，将来你准是纽约州的州长。"当时，罗尔斯大吃一惊，因为长这

么大，只有他奶奶让他振奋过一次，说他可以成为五吨重的小船的船长。这一次，皮尔·保罗先生竟说他可以成为纽约州州长，着实出乎他的预料。他记下了这句话，并且相信了它。

从那天起，“纽约州州长”就像一面旗帜，罗尔斯的衣服不再沾满泥土，说话时也不再夹杂污言秽语。他开始挺直腰杆走路，在以后的40年间，他没有一天不按州长的身份要求自己。51岁那年，他终于成了美国纽约州历史上第一位黑人州长。

世界贸易巨子J.C.宾尼曾说过，“一个心中有目标的人，会成为创造历史的人；一个心中没有目标的人，永远只能是个平凡的人。”罗杰·罗尔斯的成功，在很大程度上得益于他树立了远大的目标，并为之全神贯注、心无旁骛地追求不止、拼搏不息，一点一点地向目标靠近，最终将看似遥不可及的目标变成了现实，圆了一生的梦想。

许多年前，某报做过300条鲸鱼突然死亡的报道。这些鲸鱼在追逐沙丁鱼时，不知不觉被困在了一个海湾里。有人这样评论：“这些小鱼把海上巨人引向死亡，鲸鱼因为追逐小利而暴死，为了微不足道的目标而消耗了自己巨大的力量。”

仔细想一想，有些人整日奔波劳碌，但终其一生，却难有大的建树。是他们没有人生的目标吗？不是。究其原因，大约是他们的心扉被怯懦、无知或懒惰的锈锁紧扣着，他们不敢、不会或不愿放飞太高太远的梦想，而太小的、伸手可及的目标何以成就伟业。就如那受困死亡的鲸鱼，他们有巨大的力量与潜能，但他们把目标和精力放在微不足道的小目标上，怎么可能做更大的事情呢？或者，他们有太多的欲念和渴望，又缺乏坚持的恒心和毅力，前进的目标总是摇摆不定，变化无常，难以一以贯之、持之以恒，岁月就在朝秦暮楚、半途而废中流逝，成功和殊荣又怎么会青睐他们呢？

还是学学罗杰·罗尔斯，认定一个远方的目标，给自己树一面猎猎招展的旗帜吧。当你向着这面大旗义无反顾地奔去，孜孜不倦地追求时，请相信，没有什么目标不能达到，没有什么奇迹不会发生。

动力来自内心

做每件事时都要用上自己所有的劲头和力量——当接到命令时，既要做到怎么要求怎么去做，又要按其精神实质去做。做你能做的一切而不仅是你不得不做的。

在你考虑如何成为一个成功人士之前，你得先确定自己想要的成功是什么。你得知道你想要什么并相信你可以得到它。

当乔治·巴顿7岁时，他就有明确的目标了，按他的说法就是做“玩具军刀的锋刃”——成为一个旅长，这是一个既单纯又简单的目标。他对此是那么执着，就像模范士兵一样，他每天早晨都会以立正姿势站立并向父亲行军礼。

当巴顿长到十几岁的时候，他继续尽自己最大的努力去实现自己的目标。他如饥似渴地阅读历史上伟大军人的故事，他研究波斯、希腊和罗马的将军，战场的布局和中世纪的战争。他的报告作业中也充满了名誉、光荣和英雄主义的主题。

凭着自我负责的精神，巴顿在早年就知道生活中的奖状是要靠持之以恒的努力来取得的，他完全是凭着刻苦努力才克服了诵读困难症并从西点军校毕业。同样的，在他成名的过程中，他达到了军队中可提升的最高位置——美国陆军的将军，而能做到这一点他并没有依靠任何人的提携。每次他都是凭着诚实、全力以赴的努力

达到最终目的的。

在西点军校学习时，他在自己的笔记本上写下了下面一些信条，它们也最终帮助他做上了将军。

做每件事时都要用上自己所有的劲头和力量——当接到命令时，既要做到怎么要求怎么去做，又要按其精神实质去做。做你能做的一切而不仅是你不得不做的。

每个知道乔治·巴顿或是读过有关他传记的人都会对他形成不同的个人评价。但是，我相信他们都会赞同最重要的一点，那就是他是一个有意志的人。他想要什么就去身体力行，终于在历史上留下了英名。在这个意义上，他实现了自己经常说的目标。

当机遇女神拍你肩膀时你得转身认识她一下，因为她迟早都会这样做的。每个人都会碰到这种事，但仅是屈指可数的那么几次而已；你必须按照她指引的方向前进，你得专心致志，只为自己要做的一件事努力。

巴顿的例子已经证明了这一点。如果有坚定的决心并持续不断地努力，你甚至可以移动一座山，这就是有一个目标或者使命是那么重要的原因了。

一次关于人生的演讲

推销大师即将告别他的推销生涯，应行业协会和社会各界的邀请，他将在该城中最大的体育馆作告别职业生涯的演说。

那天，会场座无虚席，人们在热切地、焦急地等待着那位推销大师做精彩的演讲。当大幕徐徐拉开，舞台的正中央吊着一个巨大的铁球，为了这个铁球，台上搭起了高大的铁架。

一位老者在人们热烈的掌声中走了出来，站在铁架的一边。他穿着一件红色的运动服，脚下是一双白色胶鞋。

人们惊奇地望着他，不知道他要做出什么举动。

这时两位工作人员抬来一个大铁锤，放在老者的面前。主持人这时对观众讲："请两位身体强壮的人到台上来。"好多年轻人站起来，转眼间已有两名动作快的跑到台上。

老人这时开口和他们讲规则，请他们用这个大铁锤去敲打那个吊着的铁球，直到把它荡起来。

一个年轻人抢着拿起铁锤，拉开架势，抡起大锤，全力向那吊着的铁球砸去，一声震耳的响声，那吊球动也没动。他就用大铁锤接二连三地砸向吊球，很快就气喘吁吁。

另一个人也不示弱，接过大铁锤把吊球打得叮当响，可是铁球仍旧一动不动。

台下逐渐没了呐喊声，观众好像认定那是没用的，就等着老人做出什么解释。

会场恢复了平静，老人从上衣口袋里掏出一个小锤。他用小锤对着铁球"咚"敲了一下，然后停顿一下，再一次用小锤"咚"敲了一下。人们奇怪地看着，老人就那样"咚"地敲一下，然后停顿一下，持续地重复敲打铁球的动作。

10 分钟过去了，20 分钟过去了，会场早已开始骚动，有的人干脆叫骂起来，人们用各种声音和动作发泄着他们的不满。老人仍然用小锤一敲一停地工作着，他好像根本没有听见人们在喊叫什么。人们开始愤然离去，留下来的人们好像也喊累了，会场渐渐地安静下来。

大概在老人进行到 40 分钟的时候，坐在前面的一个妇女突然尖叫一声："球动了！"霎时间会场鸦雀无声，人们聚精会神地看着那个铁球。那球以很小的幅度动了起来，不仔细看很难察觉。老人仍旧一小锤一小锤地敲着，人们好像都听到了那小锤敲打吊球的声响。吊球在老人一锤一锤的敲打中越荡越高，它拉动着那个铁架子“哐、哐”作响，它的巨大威力强烈地震撼着在场的每一个人。终于会场内爆发出一阵阵热烈的掌声，在掌声中，老人转过身来，慢慢地把那把小锤揣进兜里。

老人开口讲话了，他只说了一句话：在成功的道路上，你没有耐心去等待成功的到来，那么，你只好用一生的耐心去面对失败。

切莫贪婪

《塔木德》中说：“你没有破绽，就不会上当；骗人的人身上也一定有漏洞。”

聪明的犹太人知道，“知己知彼，百战百胜”。不管是在战争中还是在生活中，充分了解对手，找到并利用他的弱点，就能够达到自己的目的。

古时候，有个犹太商人来到一个市镇跑买卖。他打听到几天之后有特别便宜的商品出售，就留在那里等大削价的日子到来。可是，他身边带了不少金币，当时又没有银行，走到哪带到哪，又重又不方便，还很不安全。

于是，他一个人悄悄来到一个僻静之处，瞧瞧四周无人，就在地里挖了一个洞，把钱埋藏起来。可是，等第二天他回到原地一看，却大吃一惊：钱不见了。他呆呆地站在那里，再三地回忆，昨天确实没有人看到自己埋藏金币，为什么会不见了呢？他百思不得其解。

就在这时，他无意中一抬头，发现远处有一间房子，房子的墙上有个洞，正对着他埋钱的地方。他突然想到，会不会是住在那房子里的人正好从墙洞里看见自己埋钱,然后才挖走的呢?如果事情确实如此,怎样才能把钱要回来呢?

这个商人打定主意,来到屋前,见了住在里面的一个男人,客气地问道:“你住在城市里,头脑一定灵活。现在我有一件事要请教,不知行不行?”

那人一口答应道:“请尽管说。”

商人接着问道:“我是外乡人,特地到这里来办货,身上带两个钱包,一个放了500个金币,另一个放了800个金币。我已把小钱包悄悄埋在没人知道的地方。现在的问题是,这个大钱包是埋起来比较安全呢,还是交给能够信任的人保管比较安全?”

房子的主人回答说:“要是我处在你的位置的话,什么人我都不信任。也许我会把大钱包同小钱包埋在一个地方。”

等商人一走,那个贪心不足的人马上拿出挖来的钱包,又去埋在原来的地方。可他抬脚刚走,守候在不远处的商人马上挖出钱包,500个金币一个不少地回到了他手里。

这个商人确实手段高明。他知道,小偷之所以偷窃别人的东西,就是因为有一种贪得之心,而贪得之心自然是可得之物价值越大,贪心也越大。所以,尽可以借其贪得之心,让他自己吐出已获得之物,也算给他个教训。妙就妙在还请他自己出主意,自己交出来。这种摸透对手的心思,迷惑对手以达到自己的目的手段可谓出奇制胜。

在为人处世的时候不要贪婪,因为贪婪会给别人可乘之机;面对贪婪的人也不要害怕,只要你肯动脑筋,善于寻找对方的“软肋”,是能够战胜他的。

急流勇退的智慧

张良识大局、知大体，急流勇退

张良，字子房，战国末期韩国人，他辅佐汉高祖刘邦灭掉了秦国，统一了天下。然而，他独具慧眼，成功隐退，避免了像发生在韩信身上一样的血光之灾。刘邦说："运筹帷幄之中，决胜千里之外，子房功也。"

张良目睹了韩信、英布、彭越的被杀，又目睹了宴会上宫廷中争功的场面，身感现实的严酷无情，这也激发了他急流勇退的决心。从此，张良忘掉了以前的丰功伟业，过着隐逸恬淡的生活，消除了对皇权机制的潜在威胁。避免了"飞鸟尽，良弓藏；狡兔死，走狗烹；敌国灭，谋臣亡"的定数。

赵匡胤杯酒释兵权，众将急流勇退

公元 960 年，赵匡胤陈桥驿黄袍加身当上了皇帝，成为宋太祖。他担心自己的皇位也会被别人取代，公元 961 年秋，宋太祖在宫内大摆宴席，和武将们一起喝酒。武将行列中有石守信、王审琦等人。

当时这些武将兵权在握，酒酣之际，宋太祖说道："皇帝轮流做，明天到我家。谁不想当皇帝呀，今天我赵匡胤坐在龙座上，不知明天龙座上坐的又是谁。有一天你们的部下将黄袍加在你们身上，你们能做主吗？"众人一听，一个个都流了汗，都品出了这句话的含义，这不是害怕我们当皇帝吗？

宋太祖接着说："人无非追求荣华富贵，子子孙孙都不贫穷罢了。如果大家交出兵权，我和你们之间没有猜疑那多好呀！你们回到老家多多添置田地房屋，再买些美女歌伎，天天喝酒，这才叫朕放心，你们也快活，这么办怎么样？"第二天，众人借口有病，请求辞掉官位，宋太祖高兴地答应了，从此，赵匡胤就把军权收归己有了。

韩世忠急流勇退，买田保身

韩世忠是宋朝的著名将领，他曾经议论要买新淦县的官田。宋高宗听说后，亲自写信将新淦县的官田赐给他。

宋高宗的信中说："卿遇敌必克，打了胜仗不扰百姓，听卿买新淦田为子孙打算，现在拿这官田赏赐给你，以表彰你的忠心，所以这个田称作'旌忠'。"

当时每个将领各以自己的姓作旗号，如张家军、岳家军之类。朝廷怀疑、惧怕他们专横欺上，听说韩世忠买田，很高兴，特赐之。韩世忠买田，是自污其身的方法，免得功高震主，也有汉萧何买民宅的意思。

孙武急流勇退

孙武是春秋时期杰出的军事家和伟大的思想家，他的杰出与伟大不仅在于经过多年的田园隐居，潜心钻研军事兵法，后来在伍子胥的真情邀请下，出任吴国的军师，协助吴王打了一系列漂亮的胜仗，尤其是大败了当时最强盛的楚国；更在于他功成名就之后，不要荣华富贵的封赏，也不要继任高官重位，而是急流勇退，回归田园，继续过一种清静平淡的生活。

人生幸福的要旨不是名利，而是宁静的心。也许，当我们拥有名利之初，会有一种欣喜；但是，那深层次的幸福，应该是一种价值实现的成功喜悦。一篇小文诉说人生最幸福的时刻是什么，一是刚刚完成作品的艺术家，二是给婴孩洗澡的母亲，三是在帮助有困难的人之后。孙武用自己的才能帮助吴王打赢胜仗，让自己的价值得以体现。如果他如吴王所愿接受高官厚禄的赏赐，初时他也许会沾沾自喜于满室的金帛和地位的显赫，但总结自己官场十几年的经历，他也许已经看透了政治斗争的阴险狡诈，看清了为达目的无所不用其极的做事手段，厌倦了连年征战给百姓带去的灾难。拥有金钱再多，也终归一日三餐，身居一室一床罢了。而回归自然的田园，让心去拥抱青山绿水，不再受名利之苦、倾轧之累，让身体浴尽日月精华，让心回归宁静淡雅，那不是更幸福的状态吗？

范蠡的先见之明

范蠡是楚国宛县人，未入仕时一贯佯狂，倜傥脱俗，特别瞧不起官长。文种是当时的宛县县长，一次他到地方视察工作，范蠡蹲在狗洞边学狗叫。跟班的小吏恐怕文种听了感到羞惭，就拿衣服遮掩范蠡。文种不让遮，说："我听说狗只对人叫，现在我来了，他学狗冲我叫，说明他拿我当人。"于是他从容下车拜见范蠡，但范蠡不理他，更不还礼。而后文种又派遣小吏去谒见范蠡。小吏见过之后回来汇报说："范蠡真是个狂人，生就的狂病。"文种笑着说："我听说有才之人做事，一定会有狂妄的举动，他们往往心怀独特的见解，行为上却给人以狂妄无知的感觉。”

于是文种亲自驾车去拜访，范蠡本想避而不见，但看到文种如此诚心，向来不修边幅的范蠡也郑重其事起来，特意向哥嫂借了一套待客的衣冠。二人相见后，高谈阔论，居然格外投机，如同故交。

当时正值春秋诸侯争霸，吴国、越国的气势已经很盛。楚国的另一位英雄伍子胥已经去辅佐吴国了，范蠡认为：吴、越两国实力相当，风俗相近，将来称霸该地的不是吴国就是越国。伍子胥有伍子胥的选择，我们有我们的追求。于是邀文种一同来到越国作大夫，同心同力辅佐越王勾践。范蠡主持军事，文种主持政务。

后来，勾践不听范蠡劝诫盲目进攻吴国，导致夫椒之败，沦为阶下之囚。范蠡又劝勾践请和存国，卑辞厚礼，劝勾践亲身去吴国劳作服役，以屈求伸。同时又使美人之计，贿赂越国重臣，终使吴王放回勾践。

勾践回国后，卧薪尝胆，以图复国，想让范蠡主持国政，范蠡说：“行兵打仗的事，文种不如我，但镇服国家，安抚百姓，我就不如文种了。”于是全国政事仍由文种主持，范蠡又到吴国作了两年人质。经过二十余年的休养生息，范蠡审时度势，劝勾践出兵伐吴，最终大败吴军，灭掉吴国，使越国由一个边隅小国跃升为“春秋五霸”之一。

勾践成为霸主后，封功劳堪居第一的范蠡为上将军。但范蠡认为盛名之下，难以久居，而且看清了勾践其人可共患难，不可共处安，于是上书说：“自古君王有难，臣子就应该替君王分忧；君王受到屈辱，臣子就应该忠君而死。前些年，您在会稽山蒙受屈辱，我之所以没有去死，就是想帮助您雪耻。现在既然已经雪耻，就让我补上当初您受会稽之辱时我的该死之罪吧。”

而勾践说:“我要和你分享天下,你如果不接受,我就杀你。”范蠡的回答只有一句:“君行令,臣行意。”大意是说您有你的命令,我有我的主意。

轻装简从的范蠡乘舟远去,终生没再回越。更让人艳羡的是,听说美人西施,与之偕行。试想:烟波浩渺,扁舟一叶,美人在侧,曼声长歌;数峰青青,叹海天寥廓,这次第,怎一个悠然了得!

范蠡离越不久,文种就收到他从齐国寄来的书信,说:“飞鸟尽,良弓藏;狡兔死,走狗烹。越王为人长颈鸟喙(脖子长,嘴巴尖),可与共患难,不可与共乐。子何不去?”面对挚友的坦诚相告,文种自然感触良多,就装病不再上朝。但这样一来,立刻就有小人四下造谣,说文种要叛乱。果然,刻薄寡恩的勾践本就对功臣心存猜忌,趁此机会,干脆赐文种自尽;同时,又将会稽山周围三百里赐给早已飘然离去的范蠡。

两位功臣,两种“赏赐”,使人不得不佩服范蠡的先见之明。

知足常乐，适可而止

凡事有度

一位老方丈下山游说佛法，在一家店铺里看到一尊释迦牟尼佛祖像。佛像乃青铜所铸，形体逼真，神态安然。方丈见之大悦，爱不释手，心想若能请回寺中，开启佛光，永世供奉，真乃佛门幸事也！店铺老板瞅见方丈如此钟爱这尊佛像，便趁机狮子大开口，索价 5000 元。

价钱无法谈拢，方丈摇着头回到寺中。众僧闻知此事，无一不对店铺老板的贪婪深表气愤。方丈说："我认为 500 元就可以请回佛像了。"众僧唏嘘，皆认为不可能。方丈便对众弟子做了一番交代。

按照方丈所订计划，第一个弟子下山去店铺和老板砍价，弟子咬定 5000 元买佛像，未果回山；第二天，第二个弟子以 4500 元的价格来砍价，亦未果回山。就这样，每天都有一个和尚与店铺老板砍价，一个比一个砍得低。直到有一天，和尚给出的价格竟然低至 100 元。在那些砍价的日子里，老板渐渐慌了神，眼看着买主出的价一天比一天低，他便每天都处于后悔之中，后悔不如以前一天的价格卖给前一个人。

方丈见时机成熟，亲自出马，与店铺老板商谈，愿以 500 元买下佛像。由昨天的 100 元反弹回今天的 500 元，怎能不让店铺老板欣喜若狂！高兴之余，老板还要另赠一具佛龛给方丈。方丈得到了佛像，但谢绝了佛龛，单掌作揖笑曰："欲海无边，回头是岸，凡事有度，一切适可而止吧。善哉，善哉！"店铺老板听罢，心悦诚服。

童话《渔夫和金鱼》的故事，为我们生动地阐明了贪婪是没有好下场的道理。渔夫妻子最初的物欲是能拥有一间小木屋，而当她借助金鱼的力量得到了小木屋之后，很快便想着要住进华丽的别墅；别墅住进后，又想成为有权有势的女王，甚至还想让金鱼来服侍她。贪婪的结果是，她又回到从前破旧的小船上。如果上天再给她一次改过自新的机会，或许她就会满足于那间小木屋了，然而好运不会再垂青于她了，她只能追悔莫及。

现实生活中有一个二十多岁的女孩，身体健康，体形匀称，可是她仍嫌自己身材不够完美，非要再减瘦些不可。她的瘦身方法不科学，单靠一个"饿"字。有一次，她在办公室里饿得晕倒，同事扶她起来，喂她一块巧克力，却被她好心当作驴肝肺，说什么破坏她的减肥大计。半年后，她瘦得俨然竹竿一根，脸无血色，走路直打晃，跟女鬼一般。她倒是不再想减肥了，可是消瘦却在不由自主地继续下去，因为身体的代谢功能已经紊乱，她患上了厌食症，只得辞职住院。同事到医院探望她，她拉住同事的手，涕泪交加："我是多么怀念从前健康的日子啊！都是贪心惹的祸呀，漂亮了还想再漂亮，得到了还想得到更多，贪欲无止境，只有都失去了才知道后悔，可后悔又有什么用呢！"

一个人，不管买什么鞋子，合自己的脚最重要。不论追求什么，总要适可而止。想得到很多的时候，欲望是一个魔鬼；只有当我们不那么贪得无厌的时候，欲望才会变成真正指引我们走向幸福的向导。

全球著名玩具制造商 TY 公司就懂得适可而止的道理，反而收到了更大的效益。他们生产的班尼娃娃，从质地上看与玩具王国的其他成员相差不大，但收藏家们却对此情有独钟。为什么呢？这恐怕与 TY 公司采取的适可而止的生产经营策略有相当关系。

原来 TY 公司的玩具产品不管多么热销，但都会在生产一段时间之后就悄悄隐退，到目前为止，已有近百种班尼玩具产品宣布停产。

这样就使得一些老产品反而成了人们争购的对象，特别是一些收藏家们经常出高价到厂里收购库存产品或到市场上争相购买，不仅为公司带来了可观的经济效益，而且大大提高了产品的知名度。

适可而止莫贪图

有一个小孩，大家都说他傻，因为如果有人同时给他5毛和1元的硬币，他总是选择5毛，而不要1元。有个人不相信，就拿出两个硬币，一个1元，一个5毛，叫那个小孩任选其中一个，结果那个小孩真的挑了5毛的硬币。那个人觉得非常奇怪；便问那个孩子：“难道你不会分辨硬币的币值吗?”孩子小声说：“如果我选择了1元钱，下次你就不会跟我玩这种游戏了！”这就是那个小孩的聪明之处。的确，如果他选择了1元钱，就没有人愿意继续跟他玩下去了，而他得到的，也只有1元钱，但他拿5毛钱，把自己装成傻子，于是傻子当得越久，他就拿得越多，最终他得到的，将是1元钱的若干倍。因此，在现实生活中，我们不妨向那“傻小孩”看齐——不要1元钱，而取5毛钱。而更多的人在社会上，却常有一种不拿白不拿，不吃白不吃的贪婪，殊不知你的贪婪不仅损害了他人的利益，还会使他人对你的贪婪反感。或许他人可以容忍你的行为，不在乎你的贪婪，但如果你懂得适可而止，他会对你有更好的印象与评价，因此愿意延续和你的关系。

可叹的是，现代社会充斥着下列现象：人际关系一次用完，做生意一次赚足，以为自己这样做是聪明，殊不知这都是在断自己的路。要知道，欲望的永不满足不停地诱惑着人们追求物欲的最高享受，然而过度地追逐利益往往会使人迷失生活的方向，因此，凡事要适可而止。

一个沿街流浪的乞丐每天总在想，假如我手头要有两万元钱就好了。一天，这个乞丐无意中发现了一只跑丢了的很可爱的小狗，乞丐发现四周没人，便把狗抱回了他住的窑洞里，拴了起来。

这只狗的主人是本市有名的大富翁。这位富翁丢狗后十分着急，因为这是一只纯正的进口名犬。于是，就在当地电视台发了一则寻狗启事：如有拾到者请速还，付酬金两万元。

第二天，乞丐沿街行乞时，看到这则启事，便迫不及待地抱着小狗准备去领那两万元酬金，可当他匆匆忙忙抱着狗又路过贴启事处时，发现启事上的酬金已变成了3万元。原来，大富翁寻狗不着，又电话通知电视台把酬金提高到了3万元。

乞丐似乎不相信自己的眼睛，向前走的脚步突然间停了下来，想了想又转身将狗放回了窑洞，重新拴了起来。第三天，酬金果然又涨了，第四天又涨了，直到第七天，酬金涨到了让市民都感到惊讶时，乞丐这才跑回窑洞去抱狗，可想不到的是那只可爱的小狗已被饿死了，乞丐还是乞丐。

列夫·托尔斯泰讲过这样一个故事。

有一个人想得到一块土地，地主就对他说，清早你从这里往外跑，跑过一段就插个旗杆，只要你在太阳落山前赶回来，插上旗杆的地就都归你。于是那人拼命地跑，太阳偏西了还不知足。尽管在太阳落山前，他是跑回来了，但已筋疲力竭，一头栽倒就再也没起来。牧师在给这个人做祈祷时，指着那个新坟，对周围的人说：“一个人要多少地呢？其实这么大就够了。”

法国人从莫斯科撤走后，一位农夫和一位商人在街上寻找财物。他们发现了一大堆未被烧焦的羊毛，两个人就各分了一半捆在自己的背上。归途中，他们又发现了一些布匹，农夫将身上沉重的羊毛扔掉，选些自己扛得动的较好的布匹。贪婪的商人将农夫所丢下的羊毛和剩余的布匹统统捡起来，重负让他气喘吁吁、行动缓慢。走了不远，他们又发现了一些银质的餐具，农夫将布匹扔掉，捡了些较好的银器背上，商人却因沉重的羊毛和布匹压得他无法弯腰而作罢。突降大雨，饥寒交迫的商人身上的羊毛和布匹被雨水淋湿了，他踉跄着摔倒在泥泞当中，而农夫却一身轻松地回家了。他变卖了银餐具，生活富足起来。

大千世界，万种诱惑，什么都想要，会累死你，该放就放，你会轻松快乐一生。

贪婪的人往往很容易被事物的表面现象迷惑，甚至难以自拔，事过境迁，后悔晚矣！一次，一个猎人捕获了一只能说70种语言的鸟。“放了我，”这只鸟说，“我将给你三条忠告。”“先告诉我，”猎人回答道，“我发誓我会放了你。”鸟说道：“第一条忠告是做事后不要懊悔。第二条忠告是如果有人告诉你一件事，你自己认为是不可能的就别相信。第三条忠告是当你爬不上去时，别费力去爬。”然后鸟对猎人说：“该放我走了吧。”猎人依言将鸟放了。这只鸟飞起后落在一棵大树上，又向猎人大声喊道：“你真愚蠢。你放了我，但你并不知道在我的嘴中有一颗价值连城的大珍珠。正是这颗珍珠使我这样聪明。”这个

猎人很想再捕获这只放飞的鸟。他跑到树跟前并开始爬树，但是当他爬到一半的时候，就掉了下来并摔断了双腿。鸟嘲笑他并向他喊道："笨蛋！我刚才告诉你的忠告你全忘记了。我告诉你一旦做了一件事情就别后悔，而你却后悔放了我。我告诉你如果有人对你讲你认为是不可能的事，就别相信，而你却相信像我这样一只小鸟的嘴中会有一颗很大的珍珠。我告诉你如果你爬不上去，就别强迫自己去爬，而你却追赶我并试图爬上这棵大树，结果掉下去摔断了双腿。这个箴言说的就是你：'对聪明人来说，一次教训比蠢人受一百次鞭挞还深刻。'"说完，鸟飞走了。

人因贪婪常常会犯傻，什么蠢事也会干出来。所以任何时候要有自己的主见和辨别是非的能力，不要被假象所迷惑。

追求并不迷恋

有一个美国商人坐在墨西哥海边一个小渔村的码头上，看着一个渔夫划着小船靠岸。小船上有好几尾大黄鳍鲔鱼，这个美国商人对墨西哥渔夫能抓这么高档的鱼恭维了一番，还问："要多少时间才能抓这么多？"墨西哥渔夫说："就一会儿工夫"。

美国人再问："你为什么不待久一点，好多抓一些鱼？"

渔夫觉得不以为然："这些鱼已经足够我一家人生活所需啦！"

美国人又问："那么你一天剩下那么多时间都在干什么？"

渔夫解释："我呀！每天睡到自然醒，出海抓几条鱼，回来后跟孩子们玩一玩，再睡个午觉。黄昏时，晃到村子里喝点小酒，跟哥们儿玩玩吉他，我的日子可过得充实又忙碌呢！”

美国人不以为然，帮他出主意，他说：“我是美国哈佛大学企管硕士，我倒是可以帮你忙！你应该每天多花一些时间去抓鱼。到时候你就有钱去买条大一点的船。自然你就可以抓更多鱼，再买更多渔船，然后你就可以拥有一个渔船队。到时候你就不必把鱼卖给鱼贩子，而是直接卖给加工厂，然后你可以自己开一家罐头工厂。如此你就可以控制整个生产、加工处理和营销。然后，你可以离开这个小渔村，搬到墨西哥城，再搬到洛杉矶，最后到纽约。在那里经营你不断扩充的企业。”

墨西哥渔夫问：“这又需要花多少时间呢？”

美国人回答：“15 到 20 年。”

“然后呢？”

美国人大笑着说：“然后你就可以在家当‘皇帝’啦！时机一到，你就可以宣布股票上市，把你的公司股份卖给投资大众。到时候你就发啦！你可以几亿几亿地赚！”

“然后呢？”

美国人说：“到那个时候你就可以退休啦！你可以搬到海边的小渔村去住。每天睡到自然醒，出海随便抓几条鱼，跟孩子们玩一玩，再睡个午觉。黄昏时，晃到村子里喝点小酒，跟哥们儿玩玩吉他啰！”

渔夫疑惑地说：“我现在不就是这样子吗？”

看了这个故事之后，你是同意渔夫的观点还是更欣赏美国人的想法呢？我想说的是，因每个人对生活的要求不同，每个人的生活状态也不尽相同。关键是看你想要什么样的生活。不管怎样的生活，只要你感觉舒服就好。

美国人会觉得墨西哥渔夫有那么好的捕鱼技术，不去拓展，多少有些可惜，如果他肯付出多一些劳动，努力去追求事业上的成功，那么他就将收获富足的生活；墨西哥渔夫则认为自己何必要花费 15 到 20 年的时间与精力，最后所得到的生活与自己现在的又有什么不同？可见，墨西哥渔夫对于美国人描绘的蓝图，没有丝毫的心动，他并不迷恋那样的生活，他对自己现在的生活很满足。

人的一生，无论是艰难，还是快乐，每个人选择了不同的生活方式，用自己的方式去过自己认为幸福的人生，这就是追求，而并不一定要去迷恋那种富足的生活。

追求，是一种拿得起的激情与勇气，比如金钱、荣誉、地位，这些都是我们应该追求的东西，但是如果过于迷恋，就会失去很多生活的乐趣，这样就得不偿失。追求，却不迷恋，是生活中对拿得起、放得下的另一种诠释。

一个人的人生道路，大都呈波浪起伏、凹凸不平之状，古人云："变故在斯须，百年谁能持。"当一个人集荣耀富贵于一身时，他是否想到会有高处不胜寒的危机、有长江后浪推前浪的窘迫？那么，就不要过分贪恋巅峰上的荣耀与风光，趁着巅峰将过而未过之时，从容地撤离高地，或许还有另一番风光等着你。

有这样一句老话："最大的一步是在门外。"可见，不迷恋荣誉追求的后面，并非一片空白，也常不乏新的人生机遇。有"体操王子"美誉的李宁，退出体坛后选择了办实业的道路，不也取得了骄人的业绩了吗？如同一切时髦的东西都会过时一样，一切的荣耀或巅峰状态也都会被抛置身后或烟消云散的。因此，做一个明智的人，既然追求得到了那颇具分量的光环，也应学会放弃它、不迷恋它，从而使自己步入柳暗花明的新天地，做出另一种有意义的选择。

美国第一位总统、开国元勋华盛顿连任一届总统后便坚持不再连任。他离任时，坦然地出席告别宴会，向人们举杯祝福。次日，他又参加了新任总统亚当斯的宣誓就职仪式。然后，他挥动着礼帽，坦然地回到了家乡维农山庄。他这追求荣耀但不迷恋的一瞬间，却给历史留下了永恒的光彩。

事业，是一个人毕生的追求。人都有渴望追求巅峰的欲望，向往事业的成功以及功成名就时的尊贵与威望。然而在潜能充分施展，巅峰已经来到之际，做出一个归隐的抉择，是需要很大的勇气的。这不仅需要一个人具备追求荣誉的渴望，还要具备随时放弃的决心。

每个人都渴望拿起的辉煌，但是就算是太阳也有落山的时候，过度的迷恋只会伤害自己。追求之后能以坦然和克制的态度去承受离任或离职的寂寞，只有这样，才能活出一份潇洒与光彩，活出一种落落大方的风范。

贪得是祸

一只饥饿的狐狸到处寻找食物，忽然它发现前方有一个葡萄园。里面的葡萄粒很大，水灵灵的，十分诱人，可是围墙很高狐狸却进不去，于是它围着围墙到处寻找入口。

终于它发现围墙一角落有一小洞，而且刚好能通过它的身体。于是狐狸就钻进去，尽情享受着那又大又甜的葡萄。

当狐狸尽情享受够香甜的葡萄后，准备从原洞口离开时，才发现因自己吃得太饱，鼓胀的身体已经通不过洞口了。狐狸急得团团转，后悔自己不应该贪吃，应该适度的选择放弃诱人的葡萄，可一切太晚了，最后可怜的狐狸终没有在葡萄园主人回家前钻出洞，在葡萄园主人棍棒下结束了它的性命。

狐狸的悲哀,不在于葡萄是否诱人,而在于狐狸过于贪婪,没有正确选择放弃。如果狐狸放弃那份贪婪,或许就会获得生命。

聪明的农夫知道老鼠会来偷吃仓库里的粮食,所以事先设了一个可以让老鼠空腹进去的小洞,只要老鼠随便吃一点粮食就钻不出来,到时就可以“瓮中捉鳖”。老鼠不知道农夫的计谋,便一狠心饿了两天,顺利地钻入粮仓,而当它美餐一顿后却怎么也爬不出来了,所幸的是农夫对这事疏忽了,老鼠才在又忍饿了两天后得以钻出小洞,逃之夭夭。

正是青黄不接的初夏,一只母老鼠掉进了一个盛得半满的米缸里,这飞来的口福,老鼠自然不会放过,但饿慌了的它仍是十分警惕的。先用舌头舔一舔表层的米粒,几个时辰以后,发现自己依然口不干舌不燥头不疼,接下来自然是一通饱吃,吃完倒头便睡,不知不觉中这样丰衣足食地过了好长一段时间。有时,它也想跳出来,但一想到这么多这么好的白米,嘴里便直发痒痒,直到有一天,它发现米缸见了底,才发觉现在这样的高度是自己难以企及的了。此刻它已肥得没有弹跳力了。

对于这只老鼠而言,这缸米是一块试金石。如果老鼠想全部据为己有,其代价是它的性命。因此,有人把这只老鼠能跳出缸外的高度叫“生命的高度”,而这高度就掌握在老鼠自己的手里,它多待一天,多吃一寸,就越接近死亡一步。

在太平洋不拉岛附近的水域里,生活着一种鱼,它的名字叫王鱼。

王鱼是天生的魔幻大师。能吸引一些较小的动物,贴附在自己身上,再慢慢地将它们吸收为自己身上的鳞片。有了鳞片的王鱼,比没有鳞片的王鱼体积至少大 4

倍。

当王鱼年老时，由于身体机能的衰退，鳞片便慢慢地脱离身体。这时，它也试图做一些努力，不让这些附属物离开自己膨胀的身体，但是，一切都无济于事，最后附属物脱完，它只能重新回到原来那个较小的体形。

失去鳞片的王鱼，只好独自受着痛苦。因为它失去了盔甲，再也无法适应眼前的水域。在鱼群中，它显得极为特别，游得非常不自然。

鱼一旦不能在水中畅游，还有什么乐趣？于是，王鱼选择了自残——往岩石上猛撞或故意去冲撞其他鱼类，而后，挣扎数日后死去。

动物贪婪如此，不免被人哂笑和不耻，但是更看看我们人，其贪婪比动物有过之而无不及。

——广东建行××分行营业部某票据交换员，贪污200余万元巨款潜逃澳门，原以为“过了海便是神仙”，且不说此人早被押解回佛山，“神仙”将成“鬼仙”，就是过海之后也何曾“神仙”过一阵子？如若不信，但看他自己在澳门惶惶然如惊弓之鸟的窘态：半步不敢出街门，常以腐乳、大头菜佐餐度日。此情此景，也许是孔老夫子描述的“小人长戚戚”吧，不亦“贪得是祸”乎？

——湖南某县某人收受贿赂，贪污、挪用公家的建筑物资。两院《通告》发布后，眼看就要雨随雷声下，便如热锅上的蚂蚁，时时观“气候”，阵阵看“动静”，本来几次想投案自首，但直到提笔写下“自首书”并取出赃款时，仍“足将进而越趄，口将言而嗫嚅”，终以一小时之差而被拘审，痛失良机。这前前后后，他每一根神经都处于极端紧张状态，如同怀揣小鹿，何曾坦荡过片刻？岂非“贪得是祸”乎？

所以，别看别人一时“金满箱，银满箱”，到头人财两空，“转眼乞丐人皆谤”！

贪是人类祸害的根源。

清代志士郑板桥积十载为官之辛酸用血泪凝成的条幅“吃亏是福”，屡被认作是怪论，其人也被视为怪人。

郑板桥得此结论，并非一时冲动。他始作秀才时就断然将家奴契券付之一炬，宣称此举“是为人处，即是为己处”，其中便隐含了“贪得是祸”的含义。及至登上县令之位，他谈及为人之道时又披露的某些人“一捧书本，便想中举，中进士，做官，如何攫取金钱，造大房屋，置多田产。起首便走错了路头，后来越做越坏，总没有个好结果”。这就明言“贪得是祸”了。

这“贪得是祸”即立，“吃亏是福”就理所当然了。甘心吃亏之辈当年较之贪得之徒当然是亏了，殊不知事物发展的必然规律是：

满者，损之机；亏者，盈之渐。

更何况那些贪得者本来就如同在刀尖上跳舞，时刻提心吊胆，只要稍有闪失，就会身首异处。但“亏者”却既平且安，纵令半夜敲门，也不心惊，实可谓其福无穷也！

吃亏是福，贪得是祸。

守着钱袋而死

对于饥饿的人来说，选择金钱可以拯救生命；对于贪婪的人来说，选择金钱等于自杀。

在一间很破的屋子里，有一个穷人，他穷得连床也没有，只好躺在一张长凳上。

穷人自言自语地说：“我真想发财呀，如果我发了财，决不做吝啬鬼……”

这时候，上帝在穷人的身旁出现了，说道：“好吧，我就让你发财吧，我会给你一个有魔力的钱袋。”

上帝又说：“这钱袋里永远有一块金币，是拿不完的。但是，你要注意，在你觉得够了时，要把钱袋扔掉才可以开始花钱。”

说完，上帝就不见了。在穷人的身边，真的有了一个钱袋，里面装着一块金币。穷人把那块金币拿出来，里面又有了一块。于是，穷人不断地往外拿金币。穷人一直拿了整整一个晚上，金币已有一大堆了。他想：啊，这些钱已经够我用一辈子了。

到了第二天，他很饿，很想去买面包吃。但是，在他花钱以前，必须扔掉那个钱袋。于是，他拎着钱袋向河边走去。

他又开始从钱袋里往外拿钱。每次当他想把钱袋扔掉时，总觉得钱还不够多。

日子一天天过去了，穷人完全可以去买吃的、买房子、买最豪华的车子。可是，他对自己说：“还是等钱再多一些吧。”

他不吃不喝地拿，金币已经快堆满一屋子了。同时，他也变得又瘦又弱，头发也全白了，脸色蜡黄。

他虚弱地说：“我不能把钱袋扔掉，金币还在源源不断地出来啊！”

终于，他倒了下去，死在了他的长凳上。

可悲！可叹！

错过最大的麦穗

大哲学家柏拉图曾带着他的7个徒弟来到一块麦田前，对他的徒弟们说：“你们现在从这块田里走过去，在田

> 里捡一穗最大的麦穗，前提是你们只能拾一支，且谁也不准回头，如果谁捡到了，这块田就归谁。”“这还不简单！”徒弟们听了很高兴地说。“好，我就在对面等你们。”柏拉图站在田地的对面等待结果。于是那7个徒弟就从田地里走到对面，最后他们却都失败了。原因很简单，因为他们都以为最大的麦穗在前头，所以他们一路上总是匆匆向前，结果到了尽头才知道其实最大的麦穗自己已经错过——追求最大却失去最大。

这是一个古老的故事，意味着人的欲望永不能满足，欲望会使人缺乏明确判断的能力。“贪”是大多数人的毛病，有时候，如果我们只想抓住自己想要的东西不放，特别是现代社会，有些人什么都不愿放弃，结果却什么也得不到。

学会放弃，就得知道该放弃什么，不该放弃什么。为了熊掌，我们可以放弃鱼；为了事业的成功，我们可以放弃消遣娱乐；为了纯真的爱情，我们可以放弃金钱；为了庄严的真理，我们可以放弃利禄乃至生命。我们应保留生命中最有价值、最必要、最纯粹的部分，而放弃那些附庸与累赘。当你放弃的那一刻，你就找回了自己，找回了快乐。

见好就收

有艺术经验的演员知道，“再来一个”得有严格的节制，最好是在观众兴致正浓的时候就悄然退场，这也叫见好就收。因为台下掌声热烈，就没完没了地“再来一个”，等到观众倒了胃口再收场，总是有点灰溜溜的。

“见好就收”这一俗语、俗理透射着理性的光辉和对尺度冷静把握的坚毅。只知大杀大砍的乃是匹夫之勇，知道适时鸣金收兵的则是良将和智者。李逵任性地挥着两把板斧，不问青红皂白，只管排头砍杀过去，经常地自己也弄不清跑到哪儿了，非得由燕青、吴用等人大喝一声“黑断，休要只顾杀人”，才能把他拉回到“正道”上来。

阿拉伯人应该算是很早就有了商品意识和商业行为的，他们就深谙“见好就收”之道。《阿里巴巴与四十大盗》中，念着“芝麻芝麻开门吧”的口诀，就能进了藏宝之洞，有的人适量地敛了财宝，既没眼发红、心发黑，也没脑袋发胀，遵循了“见好就收”的原则，冷冷静静出了洞，安安生生过日子去了；有的人一进洞，不光是眼花了、心花了，连脑袋都大了好几圈，利令智昏，怎么拿都嫌不够。口诀？哪还记得啊，让强盗们回来给大卸了八块……

相反，那些见好就收的人才会笑到最后。中国历史上就不乏这种见好就收的政治家，他们没有一味地坚守自己的“阵地”，李泌便是这样的一位。

> 李泌要与唐肃宗分手的时候，曾经与唐肃宗同榻而寝，简直情同手足。但李泌决意离唐肃宗而去，他说：“臣有五不可留：臣遇陛下太早，陛下任臣太重，宠臣太深，臣功太高，亦太奇。”李泌明白，倘若迷恋这一切而不想“收”，那么，事情就会悄悄地发生变化。周围的环境会变，信任会变成猜疑，拥戴会变成妒忌，自己的心态也会变，功能使人变骄，权会使人变蛮，弄不好就会身败名裂。

潮水有涨也有落，鲜花有开也有谢，掌声有起有息，无论什么东西——自然也包括权势和名声一旦到了顶峰，就会走下坡路。见好就收，比起“见坏才收”，无疑更应该选择，更为从容，也具有更多的主动性。

风雨的人生，总会遇见不少选择，年轻的岁月又有太多彷徨，每每在人生的十字路口我们都会徘徊不定。失败、成功像一对孪生兄弟，总是如影相伴，成功时要看到躲在成功身后的影子，不要一味地坚守着成功的那点喜悦不能自拔，还是要懂得见好就收之道，该放弃的就要理智地放弃，而万不可因一时的贪恋或是分不清形势从而酿成不堪的局面。

克制自己的欲望

人的一生，在自己还一无所有的时候，便想着去拥有一切；而当自己拥有了以后，便想着去拥有更多的。这便是人的欲望在作祟。

一个无法抑制自己欲望的人，会因为缺乏自制力而难以在事业上取得成功。相反，那些成功的人大多对于欲望有很强的控制力。

春秋五霸之一的楚庄王，就是一个能主动隔绝欲望对象的典型例子。

> 有一次，令尹子佩请楚庄王赴宴，他爽快地答应了。子佩在京台将宴会准备就绪，就是不见楚庄王驾临。第二天，子佩拜见楚庄王，询问不来赴宴的原因。楚庄王对他说："我听说你在京台摆下盛宴。京台这地方，向南可以看见料山，脚下正对着方皇之水，左面是长江，右边是淮河，到了那里，人会快活得忘记了死的痛苦。像我这样德行浅薄的人，难以承受如此的快乐。我怕自己会沉迷于此，流连忘返，耽误治理国家的大事，所以改变初衷，决定不来赴宴了。"

楚庄王不去京台赴宴，是为了克制自己享乐的欲望。由于楚庄王能注意与欲望对象保持一定距离，所以他才能在登基后，"三年不鸣，一鸣惊人；三年不飞，一飞冲天"，成为一个治国有方的君王。

而那些任自己的欲望无限制的膨胀的人，一般都没有好下场。

> 晋代的石崇曾经和王恺斗富。石崇听说王恺家洗锅

子用饴糖水，他就命厨房用蜡烛当柴火烧。王恺在家门前的大路两旁，夹道40里，用紫丝编成屏障，石崇就用更贵重的彩缎铺设50里。王恺一输再输，请他外甥晋武帝（王恺是当时晋武帝的舅父）帮忙，晋武帝就把宫里收藏的一株两尺多高的珊瑚树给他。王恺为了炫耀，便在公元290年6月（晋永熙元年五月十八日）请石崇和一批大臣来家吃饭，席间亮出珊瑚树，大臣们惊叹不已。石崇却在一旁冷笑，取过一支铁如意，将珊瑚树敲碎，并命家人搬来几十株珊瑚树，其中三四尺高的就有六七株，大的竟比王恺的高出一倍。王恺这才知道比不过石崇，只得认输。

但是好景不长，石崇失宠，被逮捕下狱。他在被捆绑起来的时候，叹息着说："这不过是因为小人想要我的财产而害我罢了。"前来抓他的官员说："你既然知道，为什么不早一点把家财散出去一些呢？"

石崇无言以对，最后为自己的奢侈付出了代价，人头落地。

恰到好处的放弃

拉斐尔11岁那年，一有机会便去湖心岛钓鱼。在鲈鱼钓猎开禁前的一天傍晚，他和妈妈早早又来钓鱼。安好诱饵后，他将鱼线一次次甩向湖心，在余晖下泛起一圈圈的涟漪。

忽然，钓竿的另一头倍感沉重起来。他知道一定有大家伙上钩，急忙收起鱼线。终于，孩子小心翼翼地把一条竭力挣扎的鱼拉出水面。好大的鱼呀！它是一条鲈鱼。

月光下，鱼鳃一吐一纳地翕动着。妈妈打亮小电筒

看看表，已是晚上10点——但距离允许钓猎鲈鱼的时间还差两个小时。

“你得把它放回去，儿子。”母亲说。

“妈妈！”孩子哭了。

“还会有别的鱼的。”母亲安慰他。

“再没有这么大的鱼了。”孩子伤感不已。

他环视了四周，已看不到一个鱼艇或钓鱼的人，但他从母亲坚决的脸上知道无可更改。暗夜中，那鲈鱼抖动笨大的身躯慢慢游向湖水深处，渐渐消失了。

这是很多年前的事了，后来拉斐尔成为纽约市著名的建筑师了。他确实没再钓到那么大的鱼，但他却为此终身感谢母亲。因为他通过自己的诚实、勤奋、守法，猎取到生活中的大鱼——事业上成绩斐然。

送人玫瑰，手留余香

照亮别人也照亮自己

一个盲人傍晚手拿灯笼走在街上，当身边人发现他是个盲人时，都笑话他还举着个灯笼。盲人笑笑：举着灯笼为了照亮别人也为了不让别人撞到自己。

一个人早上锻炼身体，习惯倒退走步，每天早上锻炼的时候，都会看到顺行人的脸庞。无论是晨练跑步的，还是匆匆上班的；无论是年老的，还是年少的；无论是男，还是女，大家的脸都是一副严肃与冷漠。时间久了，他感到每个人的面孔都有些别扭，转眼一想自己的面孔也是这样啊。于是，试着改变自己，走步时带着微笑，慢慢地，他发现人们遇到他的时候，面孔有了变化，有了微笑。接下来无论是谁见到他，都会微微一笑，点头招呼，陌生群体的微笑成为一道心灵上的风景。这位朋友每天早上锻炼身体的同时，收获了一天的好心情，也带来了工作热情。

有一个50岁的女人，在丈夫去世不久，儿子又坠机身亡，她被悲伤和自怜的感情所包围，久而久之得了忧郁症，甚至产生了自杀的念头。好心的邻居带她去找亚弗烈德·阿德勒，阿德勒问清病情后劝她去做些能使别人快乐的事。50岁的她能做些什么呢？她过去喜欢养花，自从丈夫和儿子去世后，花园都荒芜了。她听了亚弗烈德·阿德勒的劝告后，开始整修花园，施肥灌水，撒下种子，很快就开出鲜艳的花朵。从此，她每隔几天都将亲手栽培的鲜花送给附近医院里的病人。她给医院里的病人

送去了温馨，换来了一声声“谢谢您”。这美好的“谢谢您”轻柔地流入她的心田，治愈了她的忧郁症。她还经常收到病愈者寄来的贺卡、感谢信，这些卡和信帮助她消除了孤独感，使她重新获得人生的喜悦。

坐在公车上，给身边需要座位的人让座，虽然站了好长一段路，脚很酸，可是心却是甜的。

走在街上，遇到拿着瓷碗乞讨的小孩，掏出身上仅有的几个硬币，因为自己也是囊中羞涩，虽然钱很少，却是一份爱心、一份祝福。

……

给陌生人以帮助，给失落者以鼓舞，给前进者以振奋，给成功者以掌声。为别人做一点力所能及的事，我们将会收获不同的欢快心情。因为送人玫瑰，手留余香！

帮助他人的奇迹

一片墓地的守墓人，每个星期总会准时收到一封来信和50元买花的钱，信里署名为“可怜的老太”的人，托他每星期给她相依为命却睡在墓地里的儿子哈里献上一束花。老实的守墓人每次收到信与钱，总会买束鲜花送到哈里墓前。

一天，“可怜的老太”终于露面了，她坐着小车来到墓地，却没下车，派开车司机来请守墓人说：“那位托你每星期给她儿子送花的妇人，请你到她那儿说几句话，因为她的腿瘫痪了，行走不便。”

守墓人跟着司机来到那位“可怜的老太”面前，这是一位上了年纪身体极差的老太太，高贵的脸部表情掩饰不了她对生活的绝望和病痛留下的印记。

“我是那位寄信的老太太，”她断断续续地说，“这几年麻烦你了。”

“我每星期都按时送花。”守墓人说。

“谢谢你。”她接着说，“医生说我将不久人世，死了倒也好，我活在世上对这个世界来说已无一点意义。只是，我惦记着将没人再给我儿子送花了。”

守墓人忽然问道：“夫人，你去过孤儿院吗？那里的孩子都没父母。”

“孤儿院？”

“夫人，恕我冒昧，”守墓人说，“在我这儿睡着的人，有哪个是活着的？与其把鲜花大把大把送给那些死去并不能体味生者痛苦与快乐的人，不如把买花的钱留着给那些活着的人。”

“可怜的老太”听了守墓人的话，半天不言语，叫司机开车走了。

守墓人心想：对一个临死的孤寡老人，自己的话可能说过头了。

没想到过了几个月，那辆小车又载着“可怜的老太”来到墓地，这次开车的不是那个司机，而是“可怜的老太”自己。她兴高采烈地跳下车，神采奕奕地对守墓人说：“嘿，你的建议创造了奇迹。我把钱全部捐给了孤儿院，那里孤儿的快乐深深感动了我，让我觉得我还有些用处。更想不到这种帮助他人得到的好处，竟奇迹般治好了我的腿。”

当你拥有 6 个苹果的时候，千万不要把它们都吃掉，因为你把 6 个苹果全都吃掉，你也只吃到了 6 个苹果，只吃到了一种味道，那就是苹果的味道。如果你把 6 个苹果中的 5 个拿出来与别人分享，尽管表面上你丢了 5 个苹果，但实际上你却得到了其他 5 个人

的友情和好感。以后你还能得到更多，当别人有了别的水果的时候，也一定会和你分享，你会从这个人手里得到一个橘子，那个人手里得到一个梨，最后你可能就得到了6种不同的水果。只有舍得5个苹果，才能尝到6种不同的味道和得到6个人的友谊，这就是放下的艺术。

鲜花送人，余香留己

一家信誉特好的大花店准备以高薪聘请一位售花小姐，招聘广告张贴出去后，前来应聘的人如过江之鲫。经过几番面试，老板留下了三位都长得像花一样美丽的女孩，并让她们每人经营花店一周，以便从中挑选一人。这三个女孩中，一人曾经在花店插过花、卖过花，一人是花艺学校的应届毕业生，一人是一位待业女青年。插过花的女孩一听老板要让她们以一周的实践成绩作为最后应聘成功与否的依据，心中窃喜，毕竟插花、卖花对于她轻车熟路，操纵起来得心应手。每见一位顾客进来，她就不停地介绍各类花的象征意义以及送花的礼仪。几乎每一个人进花店，她都能让人买去一束花或一篮花，一周下来，她的成绩不错。

花艺女生，充分发挥了自己书本上学到的知识，从插花的技术到插花的成本，她都精心琢磨，甚至想到把一些断枝的花朵用牙签连接起来夹在鲜花中，用以降低成本，她的知识和精明为她一周的鲜花经营也带来了不错的成绩。

待业女青年，经营起花店则不够精明：一些残花她总舍不得扔掉，而是修剪修剪，免费送给路边行走的小学生。然而置身于花丛中，她的微笑简直就是一朵花，她的心情也如花一样美丽，而且每一个从她手中买走花的人，都能得到她一句甜甜的话语："鲜花送人，余香留己。"这话听起来既像女孩为自己说的，又像是为花店说的，也像为买花人讲的。尽管女孩努力地珍惜着她的一周的经营时间，成绩还是比前两位女孩相差很大。

结果出人意料，老板竟然留下了那个待业的女孩。人们不解为何老板放弃能为他挣钱的女孩，而偏偏选中她？老板说：“用鲜花挣再多的钱也只是有限的，花艺可以慢慢学，可如花的心情不是学来的，因为这里面包含着一个人的气质、品德、修养……”

歌手丛飞的故事

丛飞是一名歌者，一名深圳首批“义工”，一位被确诊为胃癌的患者，他 8 年间义演 300 多场次，义务服务时间加起来超过 3600 多个小时，他不仅“唱”而且“捐”。他一路走来一路行善，几乎倾其所有，甚至为自己背上了 17 万元的债务。

在义演舞台他是歌手丛飞，在 178 个孩子嘴上他是爸爸丛飞，在深爱他的妻子心中他是男人丛飞，在许多人眼里他是好人丛飞。

丛飞是著名歌唱家郭颂的“关门弟子”，他每场出场费上万元，可整整 10 年，他“一穷二白”，没有积蓄，甚至家里没有电冰箱，同行几乎都有小车、住房，而他出门却是一辆自行车，直到两年前才按揭购买一间 58 平方米，一室一厅的小房。除了日常的开支，他的收入几乎都用于捐助四川、贵州等贫困山区即将辍学的儿童。在这物欲横流的市场经济下，对弱势群体，对失学的学生，和对那些需要帮助的人，带来难能可贵的人间温情和真情，他那无私奉献博大的爱，催人泪下，令人肃然起敬。

1994 年，丛飞在成都参加了一场为失学儿童重返校园的慈善义演，正是那场义演彻底改变了他的人生。那天观众席上坐着几百名因家穷辍学的孩子，他们最大的

不过15岁，最小的只有八九岁。面对这些孩子，他不禁想起了自己的童年，他毫不犹豫地将身上全部的现金2400元钱放进了捐款箱，当主持人告诉他你捐的2400元钱可使20个贫困山区的小学生完成两年学业，那一刻起他就下定决心，要通过自己的努力改变更多贫困生的命运，尽一个公民应尽的社会责任。就是这份责任感使他屈尊向朋友下跪借钱，让失学孩子及时重返校园，而自己的女儿在开学一周后还迟迟无钱报名。无人能理解他为什么这样做，只有妻子在孩子们一片“爸爸”声中理解了别人眼中的傻瓜，才是真正的男人。送人玫瑰、手有余香，他说每当看见孩子天真的笑脸，快乐就会洋溢在他心头。

尽管他不富有，生活道路也不平坦，可他把做好事，帮助别人奉献爱心看作自己应尽的社会责任。相比之下，贪污腐败分子把党赋予的神圣职责，用来谋取自己的利益满足自己的私欲，贪十几万、几十万，就够自己用了，为什么还要贪几百万、上千万？有的坦白时说出了心里话：自己的钱是一辈子、两辈子也花不完的，之所以要弄那么多，是为儿子、孙子、孙子的儿子……子子孙孙无穷尽矣！不知贪官们在伸出贪婪的双手时，有没想到那些挣扎在贫困线上的人们呢？有没有想起那一双双渴望知识的眼睛？有没有想到自己最应负担的责任是什么呢？在和谐社会建设过程中，如果每个公民都能对社会多一份责任，献出一点爱的话，这个社会将变得多么美好！

臧克家在《有的人》中说：“他活着为了多数人更好地活着的人，群众把他抬举得很高，很高。”丛飞，一个能达到看山还是山，看水还是水这种境界的人，一个懂得“仁者爱人”是人之为人的前提的人，一个知恩图报的人，人们怎能不被他的故事感动呢？

交友的诀窍

圣诞节临近，美国芝加哥北郊的帕克里奇镇到处洋溢着喜庆的节日气氛。

正在读中学的谢丽拿着一叠不久前的圣诞贺卡，打算到好友希拉里面前炫耀一番。谁知希拉里却拿出比她多 10 倍的贺卡，这令她羡慕不已。

“你怎么有这么多的朋友？中间有什么诀窍吗？”谢丽惊奇地问。

“诀窍吗……就是要学会真诚地，热情地欣赏别人。”希拉里给谢丽讲起了他两年前的一段经历——

那是一个春天的中午，我和爸爸在郊区公园散步。在那，我看到一个很滑稽的老太太。天气那么暖和她却裹着一件厚厚的羊绒大衣，脖子上戴着一条毛皮围巾，仿佛天上正下着鹅毛大雪。我轻轻地拽了一下爸爸的胳膊说：“爸爸，你看那位老太太的样子多可笑呀！”

当时爸爸的表情显得特别的严肃，他沉默了一会儿说：“希拉里，我突然发现你缺乏一种本领，你不会欣赏别人。这证明你和别人在交往中少了一份真诚和友善……”

当时我觉得爸爸有些小题大做了，就很不服气地问爸爸：“你不觉得那位老太太的样子可笑吗？”

爸爸说：“和你相反，我很欣赏那位老太太。”我听了以后惊讶极了。

爸爸接着说：“那位老太太穿着大衣，围着围巾，也许是大病初愈，身体还不太舒服。但你看她的表情，她注视着树枝上一朵清香漂亮的丁香花，表情是那么生动，你不

认为很可爱吗？她渴望春天，喜欢大自然。我觉得老太太令人感动……”

这时，我仔细看了一下，那位老太太确实像我爸爸说的那样，眼神中带着某种渴望，荡漾在她脸上的笑容掩饰不住他内心的喜悦。

爸爸领着我走到那位老太太面前，微笑着说：“夫人，您欣赏春天时的神情令人感动，您使春天变得更美好了。”

那位老太太似乎很激动：“谢谢，谢谢您，先生。”她说着，便从提包里取出一小袋甜饼给了我，温柔地说：“你真漂亮……”

事后，爸爸对我说：“一定要学会真诚地欣赏别人，因为每个人都有值得我们欣赏的优点。当你这样做了，你就会获得很多朋友。”

听了希拉里的故事，谢丽深受感动和启发。

时间过得飞快，转眼又是一年圣诞节来临的日子。这天，希拉里正在家中忙着布置圣诞树，满脸惊喜的谢丽跑了进来，紧紧抱着希拉里，说：“谢谢你，我今年收到了82张圣诞贺卡，比去年的多10倍多。”

“再算上我这一张。”希拉里将一份精美的贺卡地给了谢丽，上面写着这样的话：欣赏是架起友谊的桥梁，愿你我都学会真诚地欣赏别人。

希拉里一直牢记着父亲的教诲，从中学到大学，直到走向社会，她的人缘一直都很好。无论走到哪里，她都是大家围绕的中心，直到今天他仍然是美国乃至全世界都关注的风云人物。

其实，欣赏并不是表面上简单的赞美别人，更是能够折射出一个人美好心灵的积极思维方式。只有拥有春天般美丽心灵的人，才会真正领会到春天的美丽，心中有阳光，眼前才会亮。纯洁的思想，可使微小的行为变得高贵。

学会欣赏别人，就会养成一种积极的思维方式，它可以使你受用一生。

多给他人方便

有一位男士，既没有学历，也没有金钱，更没有人事背景，但是他却能成为一个成功的企业家。他到底是如何成功的呢？原来，他是一个很会体贴他人的人，他对周围人的体贴，甚至超过了别人的需求。只要你说要上他那里玩，他都会表示万分的欢迎，希望你能在他那儿住几天。背地里，无论是多么拮据，内心多么苦恼，他都好像随时在盼望你的来临，热情地接待你。甚至在你回去的时候，还要让你带上些小礼物、土特产等。

无论是多么忙碌，他都不会表现出你的来访对他会是一种麻烦困扰。

另外的一个例子，是一位出身名门的“富家子弟”，他也想能成功地做出某些事情来。但是，当他与别人来往的时候，首先就会考虑这个人对自己有什么利用的价值：也许与这个人交往，以后向银行贷款时，会比较容易；也许与这个人做朋友，他会传授致富之道；也许这个人会将土地廉价出售给我；也许会将办公室借给我。他就是如此这般地，对周围的人怀着期待之心，算计之意，认为与自己接触的人，都应带给自己某些利益。结果这个一心想着利用他人的人却始终没交到一个真正的朋友，当然他的事业也就屡受挫折，成功遥遥无期。

这两个人与人交往时的态度，实在是南辕北辙，一个是奉献给别人，并不考虑其他；另一个则是认为与自己来往的人，都应当带给自己某些方面的利益。

不同的交往态度，带来不同的结果，这给我们一种启迪。

我们与周围朋友相处时，既要热情又要谨慎，经常站在他们的立场上为他们考虑，尽自己的所能来满足他人的欲求，使他们得到满足，才会产生良好的人缘效应。也只有在这种效应下，他人才愿意帮助我们。这种奉献与回报，在保持平衡时，就是交际双方最愉快的时候，同时，也是获得最大利益的时候。

助人即是助己

助人即是助己。在你帮助他人的时候，也就是在帮助自己，幸福的天堂就是人们互敬互爱，互相帮助。幸福往往就是在这时产生的。

有这样一则寓言故事。

有一个人被带去观赏天堂和地狱，以便比较之后能聪明地选择他的归宿。他先去看了魔鬼掌管的地狱。第一眼看去令人十分吃惊，因为所有的人都坐在酒桌旁，桌上摆满了各种佳肴，包括肉、水果、蔬菜。

然而，当他仔细看那些人时，他发现没有一张笑脸，也没有伴随盛宴的音乐或狂欢的迹象。坐在桌子旁边的人看起来沉闷，无精打采，而且皮包骨头。这个人发现每人的左臂都捆着一把叉，右臂捆着一把刀，刀和叉都有4尺长的把手，使它不能用来吃。所以即使每一样食品都在他们手边，结果还是吃不到，一直在挨饿。

然后他又去天堂，景象完全一样：同样是食物、刀、叉与那些4尺长的把手，然而，天堂里的居民却都在唱歌、欢笑。这位参观者困惑了，他怀疑为什么情况相同，结果却如此不同。在地狱的人都挨饿而且可怜，可是在天堂的人吃得很好而且很快乐。最后，他终于看到了答案：地狱里每一个人都试图喂自己，可是一刀一叉以及4尺长的把手根本不可能吃到东西；天堂里的每一个人都是喂对面的人，而且也被对面的人所喂，因为互相帮助，结果也帮助了自己。

一个刮着北风的寒冷夜晚，路边一间简陋的旅店迎来一对上了年纪的客人，不幸的是，这间小旅店早就客满了。

“这已是我们寻找的第6家旅社了，这鬼天气，到处客满，我们怎么办呢？”这对老夫妻望着店外阴冷的夜晚发愁道。

店里小伙计不忍心让这对老年客人受冻，便建议说：“如果你们不嫌弃的话，今晚就住在我的床铺上吧，我自己打烊时在店堂打个地铺。”

老年夫妻非常感激，第二天他们按照正常住店价格要付客房费，小伙计坚决拒绝了。临走时，老年夫妻开玩笑似的说：“你的人品能使你胜任服务部门的经理。”

“那敢情好！起码收入多些可以养活我的老母亲。”小伙计随口应和道，哈哈一笑。

没想到两年后的一天，小伙计收到一封寄自南方的来信，信中夹有一张机票，信中邀请他去拜访当年那对睡他床铺的老夫妻。

小伙计来到繁华的南方大都市，老年夫妻把小伙计引到一幢大楼前说：“这是一座专门为你兴建的宾馆，现在我正式邀请你来做旅客服务部经理。”

年轻的小伙计因为一次举手之劳的助人行为，美梦成真。这就是著名的奥斯多利亚大饭店经理乔治·波菲特和他的恩人威廉先生一家的真实故事。

这两个故事的启示很明白:如果你帮助其他人获得他们需要的东西,你也会因此而得到想要的东西。

退一步海阔天空

让他三尺又何妨

清朝康熙年间，安徽桐城县发生了一件当朝宰相张英与邻居叶秀才为了墙基争地界打官司的奇闻。因为张英家要盖房子，地界紧靠叶家。叶秀才提出要张家留出中间一条路以便出入。但张家提出，他家的地契上写明“至叶姓墙”，现按地契打墙没有什么不对，即使要留条路，也应该两家都后退几尺才行。这时张英在北京为官，其子张廷玉（雍正、乾隆两朝名臣）也考中进士，在朝为官，老家具体事务就由老管家操办。俗语说：“宰相家人七品官。”这位老管家觉得自己是堂堂宰相家总管，况且这样建墙也有理有据，叶家一个穷秀才的意见不值得搭理。于是沿着叶家墙根砌起了新墙。这个叶秀才是个倔脾气，一看张家把墙砌上了，咽不下这口气，秀才自己能动笔，一纸状文告到了县衙，打起了官司。

一个穷秀才与当朝宰相打官司，而且理由也不十分充分，亲朋好友都为叶秀才担心，怕他吃亏，劝他早点撤诉，但叶秀才就是不听，坚持把官司打下去。张家管家一看事情闹大了，就连忙写了封信，把这事禀告了北京的张英。不久，就接到了张英的回信。信中没有多话，只有四句诗：“一纸书来只为墙，让他三尺又何妨。万里长城今犹在，不见当年秦始皇。”

管家看了这首诗，明白了主人的意思，就来到叶家，告诉叶秀才，张家准备明天拆墙，后退三尺让路。叶秀才以为是戏弄他，根本不相信这是真话。管家就把张英这首诗给叶秀才看。叶秀才看了这首诗，十分感动，连说："宰相肚里好撑船，张宰相真是好肚量。"

第二天早上，张家就动手拆墙，后退了三尺。叶秀才见了心中也很激动，就把自家的墙拆了也后退了三尺。于是张、叶两家之间就形成了一条百来米长六尺宽的巷子，被称为"六尺巷"。这里成了桐城县一处历史名胜，一直保存下来。

凡事均有长有短、有阴有阳、有圆有缺、有利有弊、有胜有败，更何况是千变万化的人生？在处理争端与矛盾之时，又为何不多想一下：处世让一步为高。那些邻里纷争，亲友反目，静下心来，仔细想想，会觉得有点可笑甚至荒谬。难道你愿意成为旁观者斜眼笑谈的主角？那么，各退一步，化干戈为玉帛，又何乐而不为呢？聪明的人，并不会一味地争强好胜，在必要的时候，宁愿后退一步，避其锋芒，有时候不仅能赢得旁观者的尊重，更能赢得对手的尊重。

陈嚣与纪伯是邻居，一天夜里，纪伯偷偷地将隔开两家的竹篱笆向陈家移了一点，以便让自己的院子宽一点，恰好给陈嚣看到了。纪伯走后，陈嚣将篱笆又往自己这边移了一丈，使纪伯的院子更宽敞了。纪伯发现后，很是愧疚，不但还了陈家侵占的地，而且还将篱笆往自己这边移了一丈。

郑板桥的弟弟郑墨在家务农，忽然有一天，郑板桥收到了弟弟一封来信。弟兄俩经常通信，然而这一次非同寻常，原来，郑家与邻居的房屋共用一墙，郑家想翻修老屋，邻居干预，说那墙是他们祖上传下来的，不是郑家的，郑家无权拆墙。其实，这契约上写得明明白白，那堵墙是郑家的，邻居借光盖了房子。为了这堵墙，官司打到县里，尚无结果，郑墨越想越难过，感觉太受人欺负了，心里的怨恨实在咽不下去。于是自然想到了在外做官的哥哥，自觉得有契约在，再加上哥哥出面说情，这官司就必赢无疑了。郑板桥知道此事后觉得很不自在，考虑再三，给弟弟写了一封劝他息事宁人的信，同时寄去了一个条幅，上面写着“吃亏是福”四个大字。郑墨接到信羞愧难当，当即撤了诉状，向邻居表示再不相争。那邻居也被郑家兄弟的一片至诚所感动，表示也不愿意继续闹下去。于是两家又重归于好，仍然共用一墙。这在当地一直传为佳话。

这些故事都告诉我们，人在现实生活中，最难得吃亏的是财，最难得忍受的是气，往往被气所激，被财所迷，惹出麻烦事，一打官司，难免为了争个输赢而打点“官府衙门”，大多是丢了西瓜，捡个芝麻。这样的关口，两相争必相伤，两相和必自保，实在不值得争赢斗狠，种下深仇大恨。想想，人赤条条地来到世上，又赤条条地复归黄土，争来争去确实没有什么意思，何不学学郑板桥吃亏是福和“让他一墙又何妨”的宽宏大量呢？

离开仇恨袋

古希腊神话中有一位大英雄叫海格力斯，一天他走在坎坷不平的山路上，发现脚边有个袋子似的东西很碍脚，海格力斯踩了那东西一脚，谁知那东西不但没被踩破，反而膨胀了起来，加倍地扩大着，海格力斯恼羞成怒，操起一条碗口粗的木棒砸它，那东西竟然长大到把路给堵死了。正在这时，山中走出一位圣人，对海格力斯说：“朋友，快别动它，忘了它，离开它远去吧！它叫仇恨袋，

你不犯它，它便小如当初，你侵犯它，它就会膨胀起来，挡住你的路，与你敌对到底。”

其实我们也在经常犯和海格力斯一样的错误，遇到矛盾时，不愿意退让，步步紧逼，据理力争，死要面子，认为忍让就是没了面子失了尊严，最终只能使得矛盾不断地升级，不断地激化。其实忍让并不是不要尊严，而是成熟、冷静、理智、心胸豁达的表现，一时退让可以换来别人的感激和尊重，避免矛盾的加深，岂不更好？社会就像一张网，错综复杂，我们难免与别人有误会或摩擦，善待恩怨，学会尊重你不喜欢的人，在自己的仇恨袋里装满宽容，那样才会少一份怨恨，多一份快乐，才会赢得更多的尊重。

张某与李某是对门的邻居，这天不知哪家的鸡在两家的路正中下了一个蛋，张某有事出门正巧看见了这枚蛋，当他伸手要拾起来的时候，李某正巧也出来了，李某上前一句：“我家的鸡下的蛋，凭什么你拿起来？”张某不服气：“凭什么说是你家的鸡下的，这是我家的鸡下的！”两个人都不甘落后，两个人你一句我一句地犟起来，李某见自己的嘴快不过张某，便抬手给了张某一巴掌。张某吃了亏，跑回家拿了剪子来，一气之下捅向了李某的腹部。李某当场死亡，张某被抓进了拘留所。两天后，张某对自己的做法越想越觉得窝囊，就自寻短见，一命呜呼了。

一个消费者到菜市场买菜，消费者向菜主讨价还价，菜主不同意，一番争执之后，菜主终于同意优惠一点，可当消费者选好了菜，要付钱时，菜主还是按原价收，消费者见菜主少找给了自己 1 元 2 角钱，就一肚子的不满，菜主说：“愿买就买，不买就算了！”消费者一听火冒三丈：“我还不买了呢，你怎么着？”说完把菜往地上一扔，准备要走，菜主忙追上去让消费者捡起来，消费者硬着就是不捡。菜主一急踩了消费者一脚，消费者不服输，拿起秤砣打向菜主的脑部，菜主当场晕倒，被送入医院。消费者本来想占点便宜，不愿吃1元2角钱的小亏，没想到自己却吃了管人家医疗费、医药费，还得照顾病人的大亏。

一位妇女过马路，不走人行横道，正好过来一辆轿车，差点撞着她，司机探出头来骂了一句："瞎眼吗？"没料到步行的人不但不承认自己有错，反而嫌司机说的话难听，而假装司机撞了她，非让司机赔几个钱不行。司机没有撞着她，当然不会给。可妇人还真难缠，抓住车门子想要耍赖，司机二话没说，加大油门一下将妇女摔出去溜了，妇女刚开始假装受伤，这下子可真的受了大伤，胳膊跌破了，腿摔骨折了，找司机又不认识，没辙，只好自己掏钱去医院，几千块钱又要白搭上了。

以上所举的例子全是生活中的小事情，而这些小事处理不好都能演变成大事，甚至发展到不能挽回的地步。人如果想让这些小事化了，办法只有一个：不要让仇恨掩盖了你的品德，不要让争怨损害了你的形象。宽容是一种美德，宽容别人就是善待自己。记着这样一句话：心是一个容器，当爱越来越多时，仇恨就会被挤出去。学会宽容，用爱来充满内心，善待怨恨。退一步，海阔天空；忍一时，风平浪静。像张某与李某，任何一方肯站出来让一步，吃点小亏的话，也不至于断送两条人命；消费者不愿吃1元2角钱的小亏，却吃了百倍的大亏；过马路的妇女不愿吃一句话的小亏，却吃了自己受罪和几千元的大亏。

吃点亏，让一步，不是弱者而是英雄。因为他用智慧躲避了身后不可想象的事情发生。

明白了"退一步海阔天空"这个道理，如果我们遇事给自己五分钟，冷静地思考，一定可以拥有更开阔的心境，可以做出更加睿智的决策。人生百态，各有所爱，你爱吃鱼，他爱吃鸭，虽然嗜好各不相同，但缘分安排大家一桌共食，各自也都吃到了自己喜欢的东西，何乐而不为，又何必强求别人一定要吃自己喜欢的东西。如果我们能承认品质各自有异的客观存在，便会对彼此的互异感到快乐，你有你的思维方式，我有我的人生见地，若能互相学习，彼此宽容，就能一团和气。转换思维，用你博大的胸怀去包容万物，退一步海阔天空，到那时，你会感到"明月装饰了你的窗子，你装饰了别人的梦"，有一种出人意料的美，一种意想不到的奇迹。

"阎王好惹，小鬼难缠"，其实越是有身份、素养高的人越容易相处，矛盾越容易化解。反而是那些喜欢吹牛，大言不惭和长于炫耀的小鬼，最喜欢恃强凌弱，总是试图通过打倒别人来表现自己的重要性，以示对阎王的忠心，反而表现出思想上的无知和行动上的无能。优秀的阎王，一定会有王者风范，有着适可而止的智慧，懂得和为贵的重要。要的是高水准的自尊，追求的是品德上的出类拔萃，也总是会在风云变幻时三思再三思，摁住那些跃跃欲试张牙舞爪的小鬼，明白胸怀宽广、谦让待人才是博大，避免更多无意义的争执。

给车胎放气就能通过

有这样一道脑筋急转弯题，飞机在高空中盘旋，目标紧紧咬住装载紧急救援物资的卡车，就在这危急时刻，前面出现一个桥洞，且洞口低于车高几厘米，问卡车如何巧妙穿过桥洞。

答案是把车轮胎放掉一部分气即可。这样的问题，在生活中还有不少。开始时不是一筹莫展，搞得焦头烂额，就是硬往前撞，哪管它三七二十一，死了也悲壮。这虽然表明一个人有勇气和自信，但往往会适得其反，事情会扯不清、理更乱。毫无价值的牺牲，最终受害的是自己，随着“吃堑”的增多，也长了些许的“智”，在每逢遇到类似的难题时，我们应该如文中开头的司机，给车胎放一点气——低一低头。

纵观历史，也有值得借鉴的例子。三国刘备再三低头：从三顾茅庐到孙刘联合，每一次低头，都会踱到“柳暗花明又一村”，终于做成“三足鼎立”中的辉煌。越王勾践深深低下高贵的头，以卧薪尝胆收回旧山河。这是古人的典范。

有一位在环球广告公司谋事的年轻人，由于年轻易冲动，便很轻易地得罪了经理。于是，在以后的日子里，每次开会他都自然而然成为会议的第一个主题——挨批。被批得面目全非的他，真想一走了之。但是转念想，如果真的走了，一些罪名不光洗不清，而且会被再蒙上厚厚的污垢；再者，这是一家很有名气的广告公司，自己完全可以从中源源不断地“充电”。于是他坚持留了下来，整理好乱七八糟的心情，低头实干，以兢兢业业来为自己疗伤，以实实在在的业绩回击谎言。一笔又一笔的业务，增添了他的信心，也让他积攒下了许多经验财富。最重要的是，从中总结出“给车胎放气”的处世哲学，使他受益终生。

漫漫人生路，有时退一步是为了踏越千重山，或是为了破万里浪；有时低一低头，是为了昂扬成擎天柱，也是为了响成惊天动地的风雷。低一低头，即便今日成渊谷，即便今秋化作飘摇的落叶，明天也足以抵达珠穆朗玛峰的高度，笑意盎然，傲视群雄。

遇事退一步

人生之所以多烦恼，皆因遇事不肯让他人一步，其实，这是很愚蠢的做法。

> 杨玢是宋朝尚书，年纪大了便退休居家，无忧无虑地安度晚年。他家住宅宽敞、舒适，家族人丁兴旺。有一

天，他在书桌旁，正要拿起《庄子》来读，他的几个侄子跑进来，大声说："不好了，我们家的旧宅地被邻居侵占了一大半，不能饶他！"

杨玢听后，问："不要急，慢慢说，他们家侵占了我们家的旧宅地？""是的。"侄子们回答。

杨玢又问："他们家的宅子大？还是我们家的宅子大？"侄子们不知其意，说："当然是我们家宅子大。"

杨玢又问："他们占些旧宅地，于我们有何影响？"侄子们说，"没有什么大影响，虽无影响，但他们不讲理，就不应该放过他们！"杨玢笑了。

过了一会儿，杨玢指着窗外落叶，问他们："那树叶长在树上时，那枝条是属于它的。秋天，树叶枯黄了落在地上，这时树叶怎么想？"他们不明白含义。杨玢干脆说："我这么大岁数，总有一天要死的，你们也有老的一天，也有要死的一天。争那一点点宅地对你们有什么用？"他们现在明白了杨玢讲的道理，说："我们原本要告他们，状子都写好了。"侄子呈上状子，他看后，拿起笔在状子上写了四句话："四邻侵我我从伊，毕竟须思未有时。试上含光殿基望，秋风衰草正离离。"

写罢，他再次对侄子们说："我的意思是在私利上要看透一些，遇事都要退一步，不必斤斤计较。"

放下争执，学会谦让

这样一则故事：

有一次，英国女王维多利亚与丈夫艾伯特因一点小事情发生了争吵，丈夫独自走进卧室闭门不出。夜晚忙完公务的维多利亚女王准备回房睡觉时，却发现卧室的门依旧被紧紧反锁着。维多利亚敲门，丈夫在里面问："谁？"维多利亚傲然地回答："我是女王。"没想到里面既不开门也无声息。维多利亚只好再次敲门，里面又问："谁？""维多利亚。"女王用缓和一些的语气回答。里面还是没有动静。女王再次敲门。"谁？"这回维多利亚放下大不列颠女王的架子，柔声地回答道："我是你的妻子啊！"话音刚落，门开了。

女王意识到自己没有摆正自己的位置，主动放下了架子，并最终得到了丈夫的谅解。避免了普通人常见的夫妻互不相让、打冷战的尴尬局面。

后汉时期，有这样一个故事。

谯县有个叫曹节的人，待人仁义宽厚。有一次邻居家丢了一头猪，与曹家的猪很相像，于是那位邻居就找上门来询问，尽管曹节家的猪圈里没有多余的猪，但邻居还是怀疑这头猪是他家的。平常人看来，着实令人气愤，你家的猪丢了，我家猪圈里有头像你家的就是我偷来的，哪有这样的道理？一般情况下一定会大吵一场的，可曹节二话没说，就让邻居把自己家的猪赶去了他家。不久，邻居家那头丢失的猪又自己跑回圈里来，邻居很是愧疚，主动把曹节家的猪送了回来，并表示感谢。曹节笑了笑将猪收下，还是什么也没有说，可邻居自己却愧疚不已，其余的人对曹节的所作所为大加称赞。

在生活中，人们之间难免会发生利益的冲突。不过，在利上还有一个义字。面对义利之辩，有利益冲突的时候退让三尺，恰恰能更好地守住义。在利益冲突面前做出适当的退让，既能照顾别人的利益，又能维护义的标准，实在是一举两得的高明之举。这样处世的人，又怎能不受别人的欢迎和拥护呢？

人的一生，要遇到很多不平事，如果面对每件事都生气、烦恼、

痛苦,并对事情的真相、原委争执不休,那么,就很有可能最终走向问题的负面,甚至也不会得到你想争执的结果。

放下争执,学会宽容

我们都知道鹬蚌相争的故事,就好像两个有着深仇大恨的人互不原谅一样,结果是两败俱伤,“渔人”得利。如果它们都能以一颗宽大的心去看待这件事,就会给自己,也给对方留下一个机会,留下一条生路。

有这样一个故事。

战国时,梁国与楚国交界,两国在边境上各设界亭,亭卒们也都在各自的地界里种西瓜。梁亭的亭卒勤劳,锄草浇水,瓜秧长势极好,而楚亭的亭卒懒惰,对瓜事很少过问,瓜秧又瘦又弱。楚人死要面子,在一个无月之夜,偷偷跑过去把梁亭的瓜秧全给扯断了。梁亭的人发现后,气愤难平,报告了县令宋就,说我们也过去把他们的瓜秧扯断好了。宋就听了后对梁亭的人说:“楚亭的人这样做当然很卑鄙,可是我们明明不愿意他们扯断我们的瓜秧,那么为什么再反过去扯断他们的瓜秧?那就太狭隘了。你们听我的话,从今天起,每天晚上去给他们的瓜秧浇水,让他们的瓜秧长得好,而且一定不可以让他们知道是你们做的。”

梁亭的人听了宋就的话后觉得有道理,于是就照办了。楚亭的人发现自己的瓜秧一天好似一天,仔细观察,发现每天早上地都被人浇过了,而且是梁亭的人在黑夜里悄悄为他们浇的。楚国的边境县令听到报告后,感到非常惭愧,又非常敬佩,于是把这事报告给了楚王,楚王听说后,也感于梁国人修睦边境的诚心,特备重礼送梁王，以示自责和酬谢，结果这一对敌国成了友邻！

如果县令宋就对于楚亭的人怀恨在心，命令自己的人晚上再去把楚国的瓜秧扯断，那肯定不会是这种结果了。

很多事例都告诉我们，要懂得适时舍弃，化解心中的仇恨，宽容地对待彼此，才会共同创造出辉煌。

咽下一口气

有较大的度量，以谅解的态度对待别人，忍住最容易爆发的激动情绪，这样矛盾就可能得到缓和。

> 爱因斯坦博士是全世界都尊敬的人，他是全球数学、物理方面无可争议的专家。这位创造相对论和原子理论的人，竟然也咽下过一口“气”。有一天，他上汽车后，正想一个问题，数错了钱。售票员大声讽刺他：“你这么大个人，会不会算数呀！”爱因斯坦一笑置之：“不会就不会吧！”

> 有位爱尔兰人名叫欧·哈里，上过卡耐基的课。他受的教育不多，可是很爱抬杠。他当过人家的汽车司机，后来因为推销卡车不顺利，来求助于卡耐基。听了几个简单的问题，卡耐基就发现他老是跟顾客争辩。如果对方挑剔他的车子，他立刻会涨红脸大声强辩。欧·哈里承认，他在口头上赢得了不少的辩论，但没能赢得顾客。他后来对卡耐基说：“在走出人家的办公室时我总是对自己说，我总算整了那混蛋一次。我的确整了他一次，可是我什么都没能卖给他。”
>
> 所以，卡耐基的难题是如何训练欧·哈里自制，避免争强好胜。欧·哈里后来成了纽约怀德汽车公司的明星

推销员。他是怎么成大事的？这是他的说法："如果我现在走进顾客的办公室，而对方说：'什么？怀德卡车？不好！你就送我我都不要，我要的是何赛的卡车。'我会说：'老兄，何赛的货色的确不错，买他们的卡车绝错不了，何赛的车是优良产品。'

"这样他就无话可说了，没有抬杠的余地。如果他说何赛的车子最好，我说没错，他只有住嘴了。他总不能在我同意他的看法后，还说一下午的何赛车子最好。我们接着不再谈何赛，我就开始介绍怀德的优点。

"当年若是听到他那种话，我早就气得脸一阵红、一阵白了——我就会挑何赛的错，而我越挑剔别的车子不好，对方就越说它好。争辩越激烈，对方就越喜欢我竞争对手的产品。

"现在回忆起来，真不知道过去是怎么干推销的！以往我花了不少时间在抬杠上，现在我守口如瓶了，果然有效。"

正如明智的本杰明·富兰克林所说的："如果你老是抬杠、反驳，也许偶尔能获胜，但那只是空洞的胜利，因为你永远得不到对方的好感。"

在遇到矛盾，发生冲突时，咽下一口气，向后退一步，不仅能化解矛盾，赢得对方的好感，也可以为自己赢得更多的机会。

不舍不得，小舍小得，大舍大得

说“舍得”

世界是阴与阳的构成，人在世上活着也就是一舍一得的过程。我们不否认我们有着强烈的欲望，比如面对了金钱、权势、名声和感情，欲望是人的本性，也是社会前进的动力。但是，欲望这头猛兽常常使我们难以把握，不是不及，便是过之，于是产生了太多的悲剧：有人愈是要获得愈是获得不了、有人终于获得了却大受其害。会活的人，或者说取得成功的人，其实懂得了两个字：舍得。不舍不得，小舍小得，大舍大得。翻读古书，历史上有过许多这样的例子：韩信能胯下受辱方成大器；勾践卧薪尝胆终得灭吴；田忌与齐王赛马，以下驷对齐上驷、上驷对齐中驷、中驷对齐下驷，舍了小负之悲，得了全胜之喜。人是如此，万事万物何尝不也是这样呢？蛇是在蜕皮中长大，金是在沙砾中淘出，按摩是疼痛后的舒服，春天是走过冬天的繁荣。回顾我们经历过的事吧，许多时候我们因没有小忍而坏了大谋，许多时候我们吃了一点亏懊丧不已，不久却赢取了利好，为了保持我们的本真没有被一时的浮华迷惑，声名太盛则又使我们失去了行动的自在。舍舍得得、得得舍舍就充满在我们琐碎的日常生活中，演绎着成功和失败的故事啊！舍得是一种哲学，也是一门艺术。

不肯舍弃的小虫

蝜蝂者，善负小虫也。行遇物，辄持取，印其首负之。

背愈重，虽困剧不止也。其背甚涩，物积因不散，卒踬仆不能起。人或怜之，为去其负，苟能行，又持取如故。又好上高，极其力不已，至坠地死。

这是唐代著名文学家柳宗元的一篇寓言故事。说的是有一种喜欢背东西的小虫，叫作蝜蝂，它爬行时遇到东西，总是抓取过来，抬起头背着这些东西。东西越背越重，即使非常劳累也不停止。它的背很不光滑，因而东西堆上去不会散落，终于被压倒爬不起来。有的人可怜它，替它去掉背上的东西。可是蝜蝂如果能爬行，又把东西像原先一样抓取过来背上。这种小虫又喜欢往高处爬，用尽了它的力气也不肯停下来，以致跌倒摔死在地上。

蝜蝂因为贪婪而搭进了性命，这是何等的悲哀！

求“得”是一种本能，这无可厚非，但是人作为有思想的高级动物，就要学会取舍，就要理智地把握好“舍”与“得”的度。一味去“舍”，是颓废的表现；一味求“得”，是贪婪的标志。舍弃的，应该是过度膨胀的欲望，这样，才能得到应有的成就与荣誉。

人的本性总是向往获得，而不愿舍弃。从小，老师就教育我们，人生要有追求，生命不息，奋斗不止。有追求当然是好事，我们拥有生命，获得知识，收获爱情，积累财富，享有声名，这都是让人愉快的。但面对生活，我们也要善于从另一个角度思考人生。在汉语中，“舍”与“得”是连在一起的。用另一种思路解读，舍得舍得，没有舍便没有得。世间万事，有得必有失，有失才有得。

不舍不得

非洲某个森林生活着一种珍稀的猴子，可是捕捉到它很困难，因为这种猴子非常的机警，动作敏捷。然而当地的一个部落的人们却总能轻易地捉住它。

他们将一个细颈瓶放在猴子常常出没的地方，里面放一粒猴子最爱吃的松子。当猴子看见瓶子里的松子时，把手伸进瓶子，去抓它，然而它的手却拿不出来了。其实只要它松开握成拳头的手，就可以立刻甩掉瓶子，但它却不愿放弃。即使现在周围地上到处是松子，它也不肯放弃手中的这粒。而这时躲在一旁的猎人只要拿起瓶子，这只猴子也会跟着他走，轻易地就被猎人捕获了。

人们可能会嘲笑猴子因为不肯放弃一粒松子而搭上了性命，可是我们人类自己呢？

曾有一富商，身带许多金条乘船远洋去外国创业，途中船撞冰山受损，须放弃所有重物，富商不愿放弃几箱重金，结果船沉人亡。

还有一则故事，说是一个远行者一路上发现了许多珠宝，便沿路捡拾过去，开始他为自己的幸运而欣然自得，但渐行渐拾，终因不堪重负而饮恨途中。

一天，有位大学教授特地向日本明治时代著名禅师南隐问禅。南隐先是以礼相待，却不说禅，他将茶水注入这位来客的杯子，杯子已满还在继续注入。

这位教授眼睁睁地望着茶水不停地溢出杯外，终于不能沉默了，于是急了："已经漫出来了，不能再倒了。"

"您就像杯子，"南隐答道，"里面装满了您自己的看法，您不先把自己的杯子倒空，让我如何对你说禅。"

有舍方有得

"舍得"一词，最早出自《了凡四训》，与中国传统的老庄道学思想相互融合，成为“禅”的一种哲理。随着光阴的流转，“舍得”这一禅理，迅速渗透到了中国老百姓的日常生活之中，并逐步演进为一种启迪心智的“生活禅”。

我们生活在这个世界上，有太多的东西需要去面对、去追求，有太多的事情需要去选择、去割舍。为人处世，鱼与熊掌可以兼得的例子实在是太少，你在得到一样东西的同时也会失去另外的一些。

你得到了太阳，就失去了月亮；得到了白天，就失去了黑夜；得到了春天，就失去了冬季；得到了成熟，就失去了天真；得到了繁华，就失去了宁静……总之，上帝是公平的，他赐予你了一样东西，肯定会从你身边拿走另外一样，只有真正领会到了得与失、拿起与放下的真谛，才可以生活得更加快乐和幸福。

有些动物在遇到“厄运”时，会做出看似不可思议的举动。壁虎在被追赶的紧急关头会留下自己的一节尾巴，以吸引猎取者的注意力；有的猛兽被猎人的夹子夹住了腿，它会咬断自己的腿，然后一跛一跛地逃命。这些似乎都是极其愚蠢的事，然而，我们却看到了这放弃背后的智慧。

有这样两个故事。

> 在澳大利亚，有一个叫丹恩的男孩。一天，他独自上山砍柴，却在回来的路上被毒蛇咬伤了大脚趾，于是他用砍柴刀将自己的脚趾砍了下来，忍着剧痛走回村庄，最终保住了性命。

> 古希腊的佛里几亚国王葛第士以奇妙的方法，在战车的轭上打了串结并预言：谁能打开这个结将来就能征服亚洲。一直到公元前 334 年，仍没有人打开此结。后来亚历山大率军入侵小亚细亚，他来到绳结前，不假思索，便拔剑砍断了绳结，后来他果然一举占领了比希腊大

50倍的波斯帝国。

生活中，我们最愚蠢的行为就是太执着于某些东西，紧紧握在自己手中，不愿意放下。结果呢？你捏着不放，别人就不会把他的东西和你一起分享。没有放弃就没有得到，这是再明白不过的道理。

柏拉图正是放弃了对导师苏格拉底唯物论的信仰，创立了自己的唯心论，从此师徒二人有如日月在哲学史上交相辉映；伽利略正是放弃了自己的自由，誓死捍卫自己的学说，才使牛顿得以站在“巨人”的臂膀之上；比尔·盖茨正是放弃了自己在哈佛大学的学位，投身商海，才成就了20世纪人类世界的一个神话。

他们都作出了放弃，他们的放弃换来的是成功。

要想拿起更多的东西，我们必须学会适当地放下，如果你什么都想要得到，最后只会变得一无所有。

大舍大得

一位伟大的圣者曾经告诉我们：放下更多自我的时候，许多大智慧就能自然而出。能舍才能得，这是这个宇宙中的真理。但是现代社会中却有很多人不想舍，只想得，结果就只能在生、老、病、死的苦海中随波逐流。因此，在现实生活中懂得舍弃就是一项非凡的智慧。

> 两千五百年前，一个世界上最幸运、近乎完美的人离开了他的宫殿、花园、亲人、美色、权势和国家。为了寻找解脱生、老、病、死之道，他舍弃了他所拥有的一切。那时，他不仅是一个拥有辽阔国度、威仪万方的年轻君王，还是一个丈夫，他的妻子有着最美丽的容貌和品德；也是一个父亲，他的孩子聪明可爱、尚在幼年。他的生活，在世人看来，圆满得像中秋的明月，又像童话中的珍珠。可

是，他的心却无法在这些胜景、甜蜜中满足。

这个人就是释迦牟尼佛，他踏上了一条寻求真理之路。他愿意以自己的血肉之躯，来冲破这黑漆、阴冷的漫漫长夜。他想点一盏智慧的长明灯，照亮那些在尘世中盲目挣扎的人群，温暖他们虚妄而悲凄的灵魂。他下定决心完全抛弃自我，舍弃一切。在一个宁静的月夜，他离开了天堂般辉煌的王宫，一个车夫和一辆马车在门外无奈地奉命等候着他。从此，他就踏上了一条超越生死、普度众生之路。他没有再回过头来看一看他的皇宫。那一年，他二十九岁。随后的六年，他受尽一切磨难，但他的信念从未动摇过。终于有一天，他来到一棵郁郁苍苍的菩提树下，结跏趺坐，他发誓：不悟得道，绝不离此座！他在树下坐了七七四十九天，苦思冥想，进入禅定。终于在一个曙光初透的黎明，他的仁德、智慧、勇气，经受了无数的考验、诱惑，像太阳一样迸射出万丈光芒，源源不断，生生不息——他参悟真相，获得正觉，得道成佛。

就在历史的今天，也有许多洞悉了宇宙真理的修炼人，为了坚守崇高的信仰、拯救被谎言欺骗了的世人，义无反顾地舍弃了他们原来拥有的金钱财富、工作、学业，甚至他们宝贵的生命。高尚的人格与一般世俗的人情世故是相反的，世人无不追求荣华富贵，可是他们舍弃了；世人无不贪恋欲望温情，他们舍弃了；世人无不执着自我利欲，他们舍弃了。他们从此无牵挂，无执差，无畏惧，无欲无求，无往不胜。

其实，所有的奥秘就是舍弃自我，懂得舍弃就是一项大智慧。世人都想抓住已经到手的物质财富，但是他们抓住的只是欲望而已。欲望空虚如火，时时都在燃烧，那欲望的结局就是一堆冰冷的灰烬。舍弃才是扑灭虚火、脱离苦海、走向自由自在的唯一道路。

获得以放弃为前提

从前，某处住了一位单身汉。他希望在有生之年，能得到真正的幸福，哪怕只有一次也好。于是，他日复一日地向神灵祈祷。他的诚意终于得到了回报。

某夜，突然传来一阵敲门声：“奇怪，这么晚了会是谁呢？”他虽然觉得纳闷，但依然把门打开了。

门外站着的是一位名叫“吉祥”的幸福女神，他兴高采烈地请她赶紧入内。可是，美丽的幸福女神却指着她身后的另一位女子说：“等一下，这是我的妹妹，我们是一起出来旅行的。”

他惊讶地看着这位奇丑无比的女子，疑惑地问“吉祥”：“真的是你的亲妹妹吗？”

“是呀，我刚才不是已经介绍过了吗？她是不幸女神‘黑耳’。”

他听了之后连忙说：“请小姐进屋里来坐，不过，还是请令妹先回去。”

“真是岂有此理！我们不论走到哪里，都是在一起的，我怎么可以单独留下来呢！”

他犹豫着，不知如何是好。于是“吉祥”说道：“若有不便，我们只有告辞了。”

最后，他不知所措地望着姊妹两人离去的背影。

人生苦短，要想获得越多，自然就必须放弃越多。获得是以放弃为前提的，不懂得这个道理的人往往是不幸的。

在《海的女儿》中，善良的小美人鱼希望自己心爱的王子获得人的灵魂，她的愿望实现了，却是以放弃了自身的生命和美妙的声音为代价的。最后，她又如愿地救了自己心爱的人，但这次却是以化作海面上温暖的泡沫为前提的。

小美人鱼的故事告诉我们,所有获得无不以放弃为前提。

有记者曾经采访过一位事业上颇为成功的女士,谈到她成功的秘诀,她的回答令我大感意外——放弃。她用她的亲身经历对此做了最具体生动的诠释:为了获得事业成功,她放弃了优越的城市生活、舒适的工作环境、数不清的假日、甚至身体健康……天道吝啬,造物主不会让一个人把所有的好事都占全。鱼与熊掌不可兼得,有所得必有所失。从这个意义上说,任何获得都是以放弃为代价的。而上文故事中的单身汉是永远都不会明白个中道理的。

人生就是这样,每次收获却要付出代价。既然我们奔跑在追求的道路上,那么,我们就应该为此而付出,只有放弃才能踏上新的征程。但是,不必为此心疼,因为,每一次的放弃都向着理想跨进了一大步。

放弃也是一种收获

小溪放弃平坦,是为了回归大海的豪迈;落叶放弃枝干,是为了期待春天的灿烂;蜡炬放弃完美的躯体,才能拥有一世的光明;心灵放弃凡俗的喧嚣,才能拥有一片宁静。

要想得到野花的清香,必须放弃城市的舒适;要想得到永久的掌声,必须放弃眼前的虚荣。放弃了蔷薇,还有玫瑰;放弃了小溪,还有大海;放弃了一棵树,还会有整片森林;放弃了驰骋原野的不羁,还会有策马徐行的自得。

人生其实也就是选择,而放弃正是一门选择的艺术,是人生的必修课之一。没有果敢的放弃,就没有辉煌的选择。与其苦苦挣扎,拼得头破血流,倒不如潇洒地挥手,勇敢地选择放弃。歌德曾经这样说过:“生命的全部奥秘就在于为了生存而放弃无谓的生存。”

放弃是一种灵性的觉醒，是一种慧根的显现，一如放鸟返林、放鱼入水。人生是一次艰难的航行，绝不会一帆风顺，当必须放弃时，就果断地放弃吧。放得下，才能走得远。有所放弃，才能有所追求。什么也不愿放弃的人，反而会失去最珍贵的东西。放弃时髦，是为了追求更前卫的特立独行；放弃热闹，是为了追求更丰富的心灵盛宴。

放弃难言的负荷，方能解开心灵的枷锁；放弃满腹的牢骚，方能蕴蓄不倦的威力；放弃纤巧的诡辩，方能拥有深邃的思想；放弃虚伪的矫饰，方能赢得真挚的友情。

当你站在古罗马斗兽场的废墟之上，顿感世间的一切权势纷争、金粉豪华都只不过是些过眼烟云而已。风流总被雨打风吹去，何必让身外之物、无聊之事困扰终生？电影《卧虎藏龙》里有这样一句很经典的话：当你紧握双手，里面什么也没有；当你打开双手，世界就在你手中。只有懂得放弃，才能在有限的生命里活得充实、饱满、旺盛。

放弃失落带来的痛楚，放弃屈辱留下的仇怨，放弃无休止的争吵，放弃没完没了的辩解，放弃对情感的奢望，放弃对金钱的渴求，放弃对权势的觊觎，放弃对虚荣的纠缠。只有当机立断地放弃那些次要的、枝节的、不切实际的东西，你的世界才能风和日丽、晴空万里，你才会豁然开朗地领悟“小舍小得，大舍大得，不舍不得”的人生真谛。

学会放弃，才会有所收获。当一切尘埃落定，当一切归于平静，我们才会真正懂得放弃其实也是另一种美丽的收获。

不弃不得，大弃大得

在日常生活中，对于不用之物的处理方式往往体现出一个人的思维方式。随着人们生活水平的提高，物尽其用的概念似乎已经成为多余。现时,家家都有不少已被更新淘汰但并未完全丧失功能的物品,有些人家舍不得丢弃,日积月累,无用之物越积越多,等到堆放不下了,只能惋惜地集中扔掉,并在疲劳的同时慨叹着“早知今日,何必当初”。

有些人随时淘汰那些不再需要的东西,省去了集中处理的精力,平时家中也显得简洁明快。其实人生又何尝不是如此?即便过着平凡的日子,也依然会不断地积累,大到人生感悟,小到一张名片,都是从无到有,积少成多。无论你的名誉、地位、财富、亲情,还是你的烦恼、忧愁,都有很多该弃而未弃或该储存而未储存的。人类本身就有喜新厌旧的癖好,都喜欢焕然一新的感觉,不学会放弃是无论如何也无法焕然一新的,学会放弃也就成了一种境界,大弃大得、小弃小得、不弃不得。在生活中应该学会遗忘不如意的时刻,学会放弃生命中可有可无的东西,心胸自会坦然。

伽利略的小舍与大得

16 世纪初,有很多科学家都面临着困难的处境,意大利天文学家及数学家伽利略也面临同样的困难。有时候,他把自己的发现和发明当作礼物送给当时最重要的赞助者,从他们那里得到资助从事研究。然而,不管发现多么伟大,这些赞助人通常都是送他礼物,而不是赠予现金,因此他常常没有安定的生活。

1610 年,他发现了木星周围的卫星。这一次他把这个发现呈献给麦迪西家族。他在寇西默二世登基的同时宣布,从望远镜中看见一颗明亮的星星(木星)出现在夜空上。他表示,卫星有 4 颗,代表了寇西默二世与其 3 个兄弟;而卫星环绕木星运动,就如同这 4 个儿子围绕着王朝的创建者寇西默一世一样。将这项发现呈献给麦迪西家族之后，伽利略委托他人制作了一枚徽章献给寇西默二世，徽章上的图案象征他和天上所有星星的关系。

1610 年，寇西默二世任命伽利略为其宫廷哲学家和数学家，并给予全薪。对一名科学家而言，这是人生中最辉煌的岁月，伽利略四处乞求赞助的日子终于结束了。

伽利略仅靠一个简单的举动就摆脱了以前四处求乞的日子。理由很简单：贵族们实际上并不关心科学和真理，他们在意的是名声与荣耀。人们都希望自己看起来比其他人更为显赫出众，伽利略就将他们的名字连接上宇宙的力量来满足他们的虚荣。能和宇宙联系在一起，这样的荣耀有谁不想得到呢？

伽利略的策略让这些贵族们觉得自己不只是在做提供财源这样简单的工作，而是让他们觉得自己富有创造力并权倾一世，甚至比以前创造的伟业更崇高。

也许有人会认为伽利略曲意逢迎这些贵族，而失去了作为一名科学家应具有的品质。但是，科学家也不能逃避生活的反复无常，他们也需要有足够的经济支撑。如果仅仅用一个小策略就能获得更多的支持，又何乐而不为呢？

吕不韦的政治投资

在舍与得之间权衡利弊，为的是用较小的舍换取最大的得。这也可以说是一种投资行为。而说到投资，恐怕古往今来无人能比得上战国时期的赵国商人吕不韦了。吕不韦之所以能赚得盆满钵满，是因为他舍得在子楚身上花钱。

子楚是秦孝文王的儿子，被作为人质送到了赵国。他在当地的生活并不宽裕，不方便乘车，居所也很狭小，住得很不舒服。

当时吕不韦正在邯郸做生意，见到子楚后，就打起了他的主意，认为子楚是一个可以囤积起来、留待日后发财的宝贝。于是他就前去拜见子楚，说："我可以帮你光大你的门户。"

子楚听后笑着说："你还是先光大你自家的门户，然后再来帮助我吧！"

吕不韦说："你有所不知，我家的门户要等你家的光大了之后才可能光大。"

子楚听懂了吕不韦话中隐含的深意，于是忙请他入座细谈。

吕不韦说："现在的秦王已经年迈体衰了，安国君被封为太子。我听说安国君十分宠爱华阳夫人，而华阳夫人自己没有生育。所以，将来决定立谁为王室继承人的大权就握在华阳夫人手中。现在你们兄弟有 20 多个人，你排行在中间，不受到宠爱，平时还长时间地作为人质被送到别的国家。所以，等到秦王去世，安国君继承王位之后，你根本没有资本与长子和其他那些整日围绕在安国君身旁的兄弟们竞争，被立为太子的机会很小。"

子楚说："是这样的。那我应该怎么办呢？"

吕不韦说："你的生活清贫，又是客居在这里，所以没有资财可以用来奉献给双亲或是结交朋友。我虽然也不是很富有，但仍愿资助你一笔财产，以便你回到秦国讨得安国君和华阳夫人的欢心。这样你就有机会被立为太子了。"

听得子楚连连叩谢说："如果一切真如您所说的，那么等我成了秦国国君之后一定把秦国的土地与您共同分享。"

在大商人吕不韦的资助和帮助下，子楚后来终于继位为王，即秦庄襄王——秦始皇的父亲。当然，吕不韦的"生意"就做得更大了，子楚当上秦国国君后，他受封为闻信侯，担任秦国的相国。

先播种后收获

只有先播种，才会有收获。

如果你的付出超过获取，那么迟早会得到回报。你所播下的每一颗种子都必将会发芽并带来丰收。

诺德史东家族发迹于1920年西雅图的一家简朴的鞋店，并发展成为连锁百货企业，这家企业以服务和乐于取悦顾客而闻名。

顾客在数年之后还可以将所购买的衣服，以不满意为由要求退货，销售人员会在全国各分公司寻找顾客想要的衣服尺寸和颜色。一位女售货员甚至代表一位忘记送母亲节贺卡的顾客寄送贺卡。

百货公司的行政人员坦陈，这种细心为顾客服务的政策，被许多顾客滥用。有些顾客买了衣服之后只穿了一次就退货，也有些顾客特别订购了一些衣服但不来拿，有些人甚至将诺德史东的售货人员当作自己的用人一样来使唤。

但这些丝毫也没影响公司的营业收入，因为诺德史东以比其他同业更优良的服务，吸引了广大的忠实顾客。当经济不景气，致使许多同行结束营业或裁员之际，诺德史东却仍能在全国维持小幅稳定的增长。除非确已找到一批员工能认真执行公司“多付出一点点”的政策，否则诺德史东是不会轻易增加新店员的。

成功学家拿破仑·希尔的经历也是一份珍贵的经验。

他还在乔治城大学就读法律系时，就已接受卡耐基委托出版一本关于成功哲学的书。除了从卡耐基那儿得到一些旅费补助之外，其他一切费用都由拿破仑·希尔自行负责。

拿破仑·希尔说："我对这份工作的奉献，使自己承受了不少的负担，我必须赚钱养家，而且许多亲戚都嘲笑我。但尽管有这些阻力，我还是为这项任务工作了20年，在此期间我拜访过知名企业的总裁、发明家、创始人以及著名的慈善家，由于这些人通常都不知道他们的成功原则（因为他们只是去做而已），所以我必须花许多时间来观察他们，并确定我原先假设能发挥功效的力量，是否真的在发挥功效。因此除了赚取生活费之外，我还必须为这些人工作。

"处在亲戚们的嘲笑和辛苦工作之间，有时真的很难保持积极的心态和不屈不挠的精神。有时当一个人待在无聊的旅馆房间里时，甚至会觉得我家人的想法才是正确的。支持我向前迈进的力量使我确信，我不但能完成这本著作，而且当我完成它时会为自己的成功感到骄傲。"

正是因为拿破仑·希尔不计报酬，甘心付出了20年的辛勤劳动，他最终才成为世界闻名的成功大师。

有所为，有所不为

学会放弃一把椅子

著名歌唱家帕瓦罗蒂在回顾自己的成功之路时曾讲过这样一个故事。

> 帕瓦罗蒂小的时候很喜欢唱歌，在这方面也表现出了一定的天赋，但他同时也是一所师范院校的学生，学习成绩也不错。师范毕业时，他很苦恼，是继续学习唱歌呢，还是做一个教师？他想边做教师边用业余时间唱歌。这时候，他父亲说话了，父亲说：“孩子，如果你想同时坐两把椅子，你只会掉到椅子中间的地上，在生活中，你必须学会放弃一把椅子。”于是帕瓦罗蒂为自己选择了一把“椅子”。他说：“选择和放弃是一件痛苦的事情，但却是成功的前提。”

人生面临许多选择，而选择的前提是舍弃。舍弃得正确，即是选择得成功。的确，在许多关键的时刻，只有敢于舍弃，才能把握住获取更长远利益的机会。在面临无法避免的挫折时，应该选择最佳的失败方式。当然，也有无论在什么情况下也不能舍弃的东西——人格和信念。

舍弃往往决定成与败、得与失、荣与辱。成功者的最大长处在于通过果敢的舍弃来抓住别人忽视的机遇，为自己提供了大展宏图的舞台；失败者的致命弱点是难以割舍小利，最终舍弃了更加宏伟的目标。

在决定取舍上，爱因斯坦可算得上是一个楷模。

1952年11月8日，以色列驻美国大使向爱因斯坦转达了以色列总理本·古里安的信，正式提请这位科学家为以色列共和国总统候选人。在一般人看来，能够成为一国之“君”，当然是荣幸之至。可爱因斯坦的态度却出人意料，他毫不犹豫地拒绝了。在解释舍弃这一重任的原因时，他十分诚恳地说：“关于自然，我了解一点；关于人，我几乎一点也不了解。我这样的人，怎么能担任总统呢？说实话，方程对我更重要些，因为政治是为当前，而方程却是永恒的。我一生都在与客观物质打交道，既没有天生的才智，也无处理行政事务和人际关系的经验，所以本人不是当总统的料。”

可以设想，假如爱因斯坦当了总统，那么我们这个世界上还会有伟大的科学家爱因斯坦吗？也许只是多了一个叫爱因斯坦的总统而已。

比尔·盖茨的选择与放弃

1955年10月28日，比尔·盖茨在美国西雅图出生。他的父亲是西雅图一家律师事务所的律师，法律界的一位活跃分子，曾当过华盛顿律师协会主席和几任美国律师联合会主席。他对盖茨的期望就是将来也做个律师。1967年，父母送盖茨进入西雅图收费最高的湖边中学。

湖边中学重视在某个方面独树一帜、表现突出的学生，它会给这些学生许多特权，自由和随意活动的空间，允许他们去做愿意做的任何事情，有时，甚至是超出学校规定范围之内的事情，以让学生发展自己的爱好和兴趣。

1968年，学校做出了一个对盖茨具有重大意义的决定。美国当时正致力于把卫星送上月球，由于电脑的飞速发展使得一个新科技浪潮将要出现。湖边学校决定开设电脑课，希望自己的学生能够抢先领略电脑科技的魅力。

盖茨第一次接触电脑，就深深地迷恋上了它。盖茨并不像一般同学一样，学会开机、关机和一般数据输入、处理操作，满足一下新奇感就可以了。他既对电脑的神奇怀有敬畏，又有着专业人士才有的种种疑虑：电脑的机理是什么？电脑各部的组成结构及联通方式又是怎样的？现有的电脑能用来干什么？它的功能又用什么办法得以拓展？第一台电脑在 1946 年才诞生，所以，湖边中学的教师对新奇的电脑也了解甚少，对盖茨的问题难以做出确切的回答。老师只能给盖茨找来各种电脑的说明书和操作手册，让他自己动脑动手到机器上寻找答案。一位老师还意味深长地说："你们的明天就是要回答和解决今天尚找不到答案的问题。"盖茨就这样开始了在电脑软件海洋中遨游的历程。在高年级有个同学叫保罗·艾伦，也是个电脑迷。艾伦经常就解决一个电脑难题而向盖茨挑战："我敢打赌你不能把这道题做出来！"后来，他们成了好朋友，经常一起上机，一起交流学习电脑的心得。有大约半年的时间，晚上他们还会借口到学校复习功课从家里溜出来，潜入学校的电脑教室，肆无忌惮地使用电脑。两个人互相研究程序的编制与校验，这样的合作使两个人的电脑操作和编程技术得到了很大的提高。

由于学校支付的电脑"机器时间"租金急剧增加，学校难以承受，他们的行为才被限制。父母也开始担心盖茨是否会玩物丧志，对他加以劝告。盖茨表面上疏离了电脑，但他的心里却依然渴望着有全身心地浸润在电脑世界里的机会。

电脑程序中的错误，通常被业内人士叫作“臭虫”，找出错误叫作“除虫”或“捉虫”。那时，电脑应用处于萌芽阶段，PDP—10 型电脑程序中错误百出，经常造成重大损失，令公司和客户十分头疼。湖边中学附近的电脑中心公司的工程师们不断从程序中抓出“臭虫”，但觉得他们的力量不够，于是就联络湖边中学，而学校的电脑教师认为这应该让盖茨、艾伦和其他几个电脑迷学生去施展身手。

在公司经理不信任的眼光里，盖茨和艾伦开始通宵达旦地“捉虫”。环境让他们提高很快，不多日子，就轻松地捉出了电脑程序里的最后一个“臭虫”。公司十分欣赏他们的才干，又继续让他们做迪吉多公司给予的其他编程工作。盖茨在工作中发现，大量的信息是网络状堆砌，设有密码，不能进入。他尝试着编制各种破译程序，终于进入了“禁区”，得到许多秘密发现。这个进展让他感到倍加兴奋，于是就不断地、更加疯狂地重复着破译、闯入、揭秘的活动，结果破坏了电脑的指挥中心，导致整个系统突然停机、瘫痪。

电脑中心公司勃然大怒，狠狠地教训了盖茨一顿，从此禁止盖茨接触他们的电脑。

但是，这样的挫折并不能让已经被得手后的成就感和好奇心搞得发昏的盖茨停下来。他听说华盛顿大学的 PDP—10 型电脑和全国性网络连接，便潜入电脑机房，在网络的电脑系统上安装了自己编制的通讯联系程序，让这个程序传播到其他电脑上。几分钟后，网络上的电脑竟然全部停机。

盖茨因此受到科技界的责难，他不得不承诺：从此不再接触电脑。

在一年多的时间里，盖茨远离了电脑，他在痛苦中反省着自己。他明白了人的才智要用到正确的方向上，否则就会给社会带来灾难，他对自己过去的行为感到深深的悔恨。他压抑着使用电脑的渴望，反复回味名人们是如何对待逆境的，以此来支撑自己。

1970 年，信息科学公司的老板慕名找到盖茨和艾伦，把程序设计工作交给他们，报酬是价值近万美元的电脑“机器时间”。尽管不少人列举了盖茨的种种劣迹来反对这位老板的举动，但这位老板相信盖茨已经汲取了教训，应该给他一次机会，否则，这个电脑神童就会被扼杀。

受老板行为的启发，湖边中学在 1971 年 6 月又给盖茨和艾伦提供了机会：用电脑设计排课程序，以解决手工排课效果不佳的问题。

盖茨和艾伦利用暑假，在空无一人的校园里不分日夜地工作。重新得到的信任和使用电脑的幸福感，让盖茨充满了热情。

1971 年秋季，艾伦考入华盛顿大学攻读电脑专业。对他而言，大学生活平淡至极。在无聊中，他突发经商的念头。他向盖茨提议成立一个交通数据公司，专门为西雅图市的交通管理部门设计程序。说干就干，这个生意让他们赚了 2 万美元。

尽管盖茨把电脑视为自己的灵魂，但是在对未来前途的选择上，他依然飘忽不定。他有开公司的兴趣，也有对抽象数学和经济学的喜好，又受父母的影响觉得做律师也不错。最终，他还是在 1973 年秋选择了去哈佛大学读法律。湖边中学的老师为他写的推荐函中写道：“对一名学生而言，他在湖边中学是出名的一流电脑奇才……”

在大学里，盖茨陷入了极为痛苦的内心矛盾中。他不像父亲那样对法律有兴趣，没有兴趣的事情是不可能干一辈子的。迷茫之下，他迷上了打牌赌钱，一个晚上的输赢在几百甚至上千美元之间，他很快成了玩牌高手，也有了难以克制的牌瘾。夜里不玩牌的时候，他通常在电脑中心度过，累了就睡在电脑工作台上。许多人认为，盖茨仅仅是个不务正业、不修边幅的电脑迷。

让他感到高兴的是，他经常能和艾伦在一起讨论他们的未来。艾伦喜欢计算机硬件，而盖茨对软件更加情有独钟。搞硬件成本太高，他们没有足够的资金，并且容易亏损。最后，他们决定搞软件。

1974 年月的一个早晨，艾伦在杂志上看到阿尔泰电脑的报道，他一路兴奋地跑去找盖茨："这是有史以来第一个可以和专业小型电脑相媲美的微电脑，我们可以用它来编软件。"

阿尔泰电脑的生产公司是这样一家公司，它能生产电脑，却没有相应的程序让电脑工作。盖茨和艾伦就拨通了公司经理罗伯特的电话，告诉他："你需要的东西我这里有，叫 BASIC。"随后，又写信要求面谈。其实他们根本没有这个东西，但是，他们相信自己会马上让这个东西出现。

在随后的 8 个星期里，他们两个人白天黑夜都在机房里工作，试着干一件工程师们都认为无法做到的事——为阿尔泰电脑 8080 集成块发明一种高水平的计算机语言。盖茨停止上课，取消了打牌的娱乐，两个人分工迎接挑战。他们经常是 24 小时连续工作，有时在键盘前就睡着了，几分钟后醒来，继续敲击键盘。艾伦曾因此认为盖茨有某些特异功能："这家伙在梦中也一定在编程序。”

2 月底，第一套高级计算机程序——BASIC 语言诞生了。

他们把 BASIC 语言输入阿尔泰计算机。突然，计算机开始工作起来，它在按着他们的指令工作！

公司经理罗伯特高兴得几乎头脑晕眩：“我们的机器终于成了一台有用的计算机！”

从此，盖茨和艾伦点燃了计算机的伟大技术革命。他们编写的 BASIC 语言不仅可以使阿尔泰腾飞，而且使计算机进入了一个全新的实用领域，计算机得到了迅速而普及的推广，在很短的时间内，从美国西北部蔓延到了整个美国。

1975 年 7 月，盖茨和艾伦创办了微软公司，专门从事微电脑软件的开发。

到了在学业和事业之间抉择的时候了。他几次尝试着告诉父母他确实想从哈佛退学，但是遭到父母的强烈反对。母亲是华盛顿州立大学评议会会员，在教育界享有盛名，她绝不会容忍儿子无视哈佛的教育。而父亲因为盖茨违背他的意愿不想做律师，也深为恼火。盖茨的母亲求助于斯托姆——一个受人尊敬的、辩才极好的商业领袖，希望他和盖茨的交谈能让儿子打消退学开公司的想法。盖茨对斯托姆谈到了他和艾伦共同的前景，即将到来的计算机革命，谈到他的理想是“让每个人的桌子上都放着他所生产的电脑”，将来或许有无数机器依靠他们的软件运转。然而，如果他不退学，将来做一名律师，那他，还有这个世界将失去得太多太多。靠搞电子技术而起家的斯托姆听了，觉得盖茨要走的是一条和自己当年创业相似的道路，他不仅没有劝阻盖茨，反而鼓励他好好干,争取干好。

1976年月,盖茨退出了为他铺就了锦绣前程的哈佛大学,投身到在别人看来前景还不明朗的软件业。

在湖边中学的毕业纪念刊物上登出盖茨的照片:电脑桌前的小鬼,穿着便宜的运动鞋和磨破的牛仔裤,毛线帽低低地覆盖在额前。旁边还附上标题:谁认识这个人?在盖茨创业20年后,几乎所有的美国小孩都认识他,他也成为世界上许多青少年的偶像。他的照片比迈克尔·乔丹的见报率还高,捎带着狡黠微笑的形象成了各类报纸杂志的金招牌。

到20世纪结束的时候,盖茨的个人资产已经达到570亿美元,数次占据美国《财富》杂志的世界富豪排名榜榜首。

盖茨回忆说:“我之所以辍学,只因为我当时有个理想——创立第一家微电脑软件公司。而那理想不能耽搁。”

人在很小的时候就有理想了,很美很美的那种。只是,有人一生都守着它,而且,该出手的时候就出手,趁年轻绝不耽搁。而另一些人很快就丢得无影无踪了,而且,恋着大学文凭带来的优越和稳定,再也不愿意奋斗。这就是一种人与另一种人的区别。

应该说,为了长远的目标而舍弃眼前、看得见的利益,也是我们许许多人难以做到的。哈佛大学是多少人的梦,是成功、权利、影响、伟大的象征。美国最高法院的历届官员中有许多人毕业于哈佛,美国总统中也不乏哈佛校友。哈佛,为盖茨铺就了通向美好人生的红地毯。但是,盖茨选择了舍弃。

杨振宁的选择与放弃

杨振宁的父亲是数学教授，但他喜爱物理，而且想成为一个实验物理学家。1945年杨振宁赴美国留学时，就立志要写一篇实验物理论文。1946年，杨振宁进入芝加哥大学费米主持的研究生班，希望能在费米的指导下写篇实验论文。当时，费米正忙于在阿贡国家实验室从事军事技术研究，像杨振宁这样初到美国的中国人，不能随便进入阿贡实验室，于是费米建议杨振宁先跟泰勒做些理论研究，实验可以到艾里逊的实验室去做。

艾里逊是芝加哥大学物理系的一名教授，当时正准备建造一台40万电子伏特的加速器，这在当时是最先进的。在费米的推荐下，杨振宁成为艾里逊的6名研究生之一。然而，在实验室工作的近20个月中，杨振宁的物理实验进行得非常不顺利，做实验时常常发生爆炸，以至于当时实验室里流传着这样一句笑话：哪里有爆炸，哪里就有杨振宁。此时，杨振宁不得不痛苦地承认，自己的动手能力比别人差。

一天，一直在关注着杨振宁、被誉为美国氢弹之父的泰勒博士，关切地问杨振宁："你做的实验是不是不大成功？""是的。"面对令人尊敬的前辈，杨振宁诚恳地说。

"我认为你不必一定要写一篇实验论文，你已经写了一篇理论论文，我建议你把它充实一下作为博士论文，我可以做你的导师。"泰勒直率地对杨振宁说。

杨振宁听了泰勒的话，心情十分复杂。一方面，他从心底深处感到自己做实验确实力不从心；另一方面，他又不甘服输，非常希望通过写一篇实验论文来弥补自己实

验能力的不足。他十分感谢泰勒的关怀,但要他下决心打消自己的念头实在不是一件容易的事。

“我考虑一下,两天后再告诉你。”杨振宁恳切地说。

杨振宁认真思考了两天。他想起在厦门上小学时的一件事。有一次上手工课,杨振宁兴致勃勃地捏制了一只鸡,拿回家给爸爸妈妈看,爸妈看了笑着说:“很好,很好,是一段藕吧!”往事一件接一件地在他的脑海浮现,他不得不承认,自己的动手能力实在不强。

最终,杨振宁接受了泰勒的建议,放弃写实验论文的打算。从此,他如释重负,毅然把主攻方向转入理论物理研究,最终于1957年与李政道联手摘取了该年度的诺贝尔物理学奖。

是的,有时候放弃是十分困难的,甚至是十分痛苦的,适时地放弃,不仅需要勇气和胆识,更需要远见和智慧。人生之树,只有舍弃空想与浮华,才能撷取丰硕甜美的果实。

温州人的分享思维

穷人:财富是自己争取来的,别人的利益不要惦记,自己的利益不要放弃。

温州人:财富是一种回报,人生是一种博弈,要做到有所为有所不为。有时候,要做到敢于放弃自己的利益。因为,敢于舍弃,善于舍弃,才会有大收获。

上海建桥集团董事长周虽增是个温州商人,他说过:“人生亦如棋局。敢于舍弃,善于舍弃,方有大收获、大成就。”他的话也体现了其他温州人的共性。

一位采购商风尘仆仆地赶到上海去采购用来包装出口毛毯的塑料袋,谁知,结果却让他大失所望。尽管产品的质量还可以，但是对方把价格咬得很死，还要求预收制版费。这位采购商无奈只好准备打道回府。

这位采购商在汽车站买票的时候，被一个中年人盯上了。那位中年人跑上来，一边递上自己的名片，一边对他说："冒昧地问一下，您是做生意的吗？如果需要这种袋子，我们那里就有哇！"原来，采购商手里拎着的上海工厂的样品袋引起了这位中年人的注意。

采购商接过名片一看，原来这位中年人是温州一家废旧塑料回收厂的郭老板。于是，他就把自己采购袋子的经历告诉了郭老板。郭老板听了，热情地对他说："同行，难得啊！如果愿意，随我去温州看厂，质量和价格绝对包您满意。"

两人上车以后，郭老板才告诉这位采购商，这种包装袋自己不会做，但是，他的一位朋友可以供货，价格与朋友直接面谈，自己决不会赚取差价的。

采购商觉得很奇怪，这位温州人竟然替他人张罗生意，这似乎不合情理呀！

见采购商有疑虑，郭老板道出了实情。

原来，外出跑生意的温州人都有一个约定，不管谁出门跑生意，不仅要推销自己的产品，还会留意与其他朋友、伙伴的产品相关的信息，如果自己无法供货，就把机会让给其他人。这样，他同样可以获得其他人寻找来的机会。

两人终于到了温州苍南。见到产品后，采购商发现，产品质量相当好，而且只要自己预付一部分订金，温州商人就会把货发到指定的地方。

这就是精明的温州人，他们不仅善于捕捉商机，而且善于与人分享，从而得到他人的帮助，使自己的财富越滚越大。

澳门首富何鸿燊说过："钱，千万不要一个人独吞，要让别人也赚。"做生意一定要懂得有取有舍，有的虽可获一时之利，但无益于长远之计，宁可舍弃，不可强求。是自己的利益，要善于谦让给他人；不是自己的利益，更不要心存歹念。如果抱有这种心态，你就跨越了自身的价值观，更获得了他人的感恩，而人脉一直就是经商最重要的财富。

2006 年 3 月 31 日，6 万余只"虎牌"打火机从温州"大虎"打火机有限公司出发，运往美国总代理邵福宁那里。"大虎"打火机有限公司董事长周大虎此时异常感慨。

原来，周大虎与温籍美国商人邵福宁之间有一段感人的故事。

20 世纪 90 年代初，邵福宁就与周大虎有生意上的来往。当时，邵福宁看到"虎牌"打火机在美国的市场前景非常好，便于 1994 年在美国申请注册"虎牌"商标，于 1999 年注册成功。

这种抢注商标的事情非常多，许多企业为了获得被抢注的商标，往往为此付出巨大的人力和物力，还会与对方结下了冤家。

但是，"大虎"公司与邵福宁却并不是如此。

随着"大虎"公司的发展，"虎牌"的商标越来越受到重视，2005 年，"虎牌"商标还被商务部确定为重点培育和发展的出口名牌。

要走向世界市场，美国市场是至关重要的。当发现"虎牌"商标被抢注后，周大虎当即意识到，这件事成为"虎牌"进军美国市场的拦路虎。于是，他下定决心讨回被抢注的商标，甚至不惜运用法律手段。

但是，当他们与在美国的邵福宁交涉的时候，却得到了一番让周大虎甚为感动的话："当年在美注册'虎牌'，就是为了保护这个商标。如今为了让'虎牌'有更好的发展空间，争创世界名牌，商标你尽管拿回去吧！”

周大虎当即表示愿意承担2.5万美元商标注册和维护费，并让邵福宁成为“大虎”的美国总代理。

就这样，一场即将开始的官司消失得无影无踪。周大虎和邵福宁不仅没有结成冤家，反而成了“亲家”，邵福宁因此而成为“虎牌”美国总代理。

红蜻蜓集团董事长钱金波说过：“提倡良好的损失，放弃糟糕的胜利，拒绝平庸的成功。”成功就要轰轰烈烈，而大成功就要有大智谋，放弃眼前的利益，轻视短期的利益，着眼于长远的利益，有所为有所不为，为自己的大成功营造良好的氛围。正如报喜鸟集团董事长吴志泽所说：“不能把企业作为赚钱的机器。做企业说大点，是人生的价值的体现；说小点，是把个人梦想变成现实。我的梦想是把报喜鸟做成国内名牌和国际名牌。所以我不争太多利益，人最重要的是‘有所为有所不为’。”

有所不为

有一美国大学教师这样回忆道。

20多岁的时候，我在斯坦福商学院研究生班学习，师从罗谢尔·迈亚斯夫人和迈克尔·雷先生。我们相处得很好，毕业后我们还保持着密切的联系。

一天，看到我不要命地工作时，罗谢尔夫人对我说：“我注意到了，吉姆，你是个做事相当没有条理的人。”她的话让我既吃惊又迷惑不解。不管怎么说，我也是那种每到新年伊始就认真设定目标并且行动的人。“你天生的旺盛精力使你做事不讲主次、没有条理，你每天过着忙忙碌碌的生活，而不是井井有条的和谐生活。”

然后她给我布置了一份作业：假设你明天醒来时接

到两个电话。第一个电话说你继承到了一笔 2000 万的遗产,不需要任何条件。第二个电话告诉你得了不治之症,最多有 10 年可活。面对这两种不同的情况,你怎样重新理解生活的轻与重,更重要的是,你会不会做一些舍弃,有所不为呢?这个作业成了我人生的转折点,而有所不为成了我制订年度计划的原则,它能帮我理清思路,想出如何分配时间这一最宝贵的资源。

罗谢尔夫人让我认识到我确实有旺盛的精力,但是没有用对地方。研究生毕业后,我在惠普公司找到了工作。说实话,我挺满意这家公司,但是不喜欢这份工作。而罗谢尔夫人的作业帮我认清了自己,使我明白了最适合自己的是成为一名研究人员而不是一个商人。我得停止现在的职业,才能找到适合自己的工作。于是,我辞了职,来到了斯坦福商学院,最后有幸成了该院教师队伍中的一员,每天忙于各种研究和写作而乐此不疲。

许多年后,罗谢尔夫人的教诲又帮助了我。当时我正被 11 家公司的研究数据缠得焦头烂额。这 11 家公司有一个共同点,那就是都实现了从二流企业到知名企业,从业务情况良好到业绩非凡的转变。在探索这种转变的原因时,我和我的研究小组发现这些企业的决策层所做的那些重要决定都不是要做什么,而是不再做什么,也就是说这些企业都曾有所不为。

这其中最典型的是达尔文·史密斯的金伯利公司。

达尔文·史密斯曾患过咽喉癌,但是他最终战胜了病魔。一天,他对妻子说:“我从我的癌症里学到了一些东西。如果你的胳膊里出现了癌细胞,那么你就必须要有勇气砍掉自己的胳膊,只有这样才能生存。我已经决定了,我们要把工厂给卖了。”那时,金伯利是著名的造纸

> 厂吗？造纸业务是否能让我们获得最大的经济收益？两个问题的答案都是否定的。史密斯决定停止经营造纸业务，所得收益全部投入到消费品行业中。事实证明他的决定是明智的，现在金伯利公司成了全球最大的消费品公司之一。

有所不为有三原则你必须注意，第一，你最感兴趣的是什么？第二，哪些事情你觉得就是“生来要做”？第三，什么是经济前景——做什么能让你维持生存？如果一天中，你做有违这三原则的事情的时间超过一半，你就有必要列一个“不再做的事”的清单了。在生活中只有抛弃不适合之处，才能显现出真正的杰出，因为有所不为才能有所为。

坚定不移做蛋糕

如果一个企业向你夸口，它除了原子弹什么都可以做，那它多半是个草台班子，一帮乌合之众。

人人都想把蛋糕做大，但做大的关键，是要专心做蛋糕，而不是什么都做。

要相信，世界上会做蛋糕的绝不只你一个，买蛋糕的人，也绝不是非吃你的蛋糕不可，所以，哪怕你的生意再红火，也潜伏着危机。

不要因为蛋糕做得好，就想把手艺无限发挥，或许你还可以兼做面包，那是因为这两者都是面制品，不影响你的整体形象和核心竞争力，如果同时又想做饮料、时装乃至房地产，你就不可能把蛋糕做到顶级。其结果很可能是房地产生意没有赚钱，蛋糕的生意也萎缩了，一旦需要拿卖蛋糕的钱去补房地产的亏空，那离破产的日子也就不远了。

每个老板都热衷于寻找新的增长点，但既然称之为点，就意味着只是局部，在它还没有成长为主干之前，是不足以承受整个企业的重量的。所以，安全起见，不能把所有的希望都押在这个新的点上。即使它确实是颗好种子，但生根发芽、开花结果还有个过程，这之前，旧的增长点还是要让它继续增长的。

没有人能够做所有的业务，成功的企业都有自己的核心能力，也就是核心人才、核心技术、核心产品、核心项目和核心市场。有没有核心能力，是一个企业是否成熟的标志，也是它能不能可持续发展的关键。

有的企业在创业之初，凭着一股敏锐风风火火地发展起来，但是仅有几个好项目，并不等于形成了核心能力，项目是短暂的，这样的企业犹如沙滩上的建筑，很容易被海潮冲垮。

资本扩张不是为了扩张而扩张，如果在扩张的过程中，收罗的是自己不能消化的东西，扩张的是游离于核心之外的资本，那对企业的长远发展来说，可能就是一种减损甚至是陷阱。

真正成熟的企业犹如一棵大树，有着强壮的主干和根基，这是长期形成的富有个性的完整的生命体系，已经萎缩的枝叶可以修剪，富有活力的嫩芽又会发出，但这一切都是为了树的整体成长。

新的增长点不是别人都认为好的项目，而是可以嫁接到自己这棵树上的新枝，必须血型相合，才能汲取原有营养，结出新的果实，使新旧相得益彰。从这种意义上说，新的增长点是新旧的混合体，而不是一个天外来客。

做自己喜欢的事

我们一开始所进入的行业、所从事的工作往往是一种被动的选择，但是有多少人一方面感叹“我不喜欢这个工作”“再这样下去我的专业都荒废了”，另一方面却在“待遇不错”“工作还算轻松”“某领导对我很器重”的自我麻醉下沉寂下来，于是你沿着一个内心深处并不希望的方向固执而又是心安理得地走下去。若干年后，你一时警醒会情不自禁地说："要是我当初一刀斩断跳出来重新选择多好。"

杰克和托蒂正是"当初"就作出了正确的选择。

"刮别人胡子之前，先刮自己的"，这正是几年前，杰克拍过的广告的广告词，杰克也因此踏进了演艺圈，很多人上门找他拍戏，一时间，演艺前途颇被看好。不过，杰克并没有久留，前后大约只维持了两年光景，就毅然结束了自己的演艺生涯。

杰克发现，演艺事业并不适合自己，一心想找出未来的方向。

杰克常常在天黑之后，一个人跑到海边钓鱼、发呆。有一天，他独坐海边，远远地望着对岸市区内的灯火，心里突然有一股声音出现："我这是在干什么，难道一辈子老死在这，无所事事？不如去开餐厅吧！"

杰克立即在脑海中搜索，从小到大自己最喜欢的事是什么？"吃"是杰克认为最有意义的事，他一向是家里烹调高手，没事可以一整天都待在厨房里"研发"，不停地问自己："我为什么不好好发挥自己的这项特长呢？"

杰克紧锣密鼓地展开他的创业大计。一面找人筹募资金，一面到大学选读会计、行销的课程。不久，他的概念式泰国餐厅开业了，杰克负责的职务从洗碗、配菜、打杂到掌厨，几乎全套包办，一旦忙起来，每天工作十几个小时，下班回家还抱着食谱继续研究，一直忙到深夜。

看他这么投入，朋友忍不住问他："你为什么要那么辛苦？"杰克回答："因为我找到了最爱。"在他来看，做菜不仅是一门艺术，也等于是在实验室里做实验，只要放入各种元素，就能产生千变万化的结果，乐趣实在太大了！

他笃定地说:"我已经打算把'吃'当成一辈子的事业。"

就像许多刚走出校门的年轻人一样,杰克也曾经彷徨、摸索过。然而,当他决定从自己的"最爱"出发,他很庆幸自己在30岁以前,终于找到了方向。

曾经听过一句话:人最可悲的,就是穷其一生只能做一种选择,万一选错了,又得从头再来,但又发现时不我待。所以,当你还有时间再做选择时,就要当机立断。

华德·迪士尼先生说过:"一个人除非做自己喜欢的事,否则很难有所成就。"就以工作来说,如果你认为工作的目的只是为了薪水袋,只是为了换取生活的粮票,那你这辈子恐怕就很难有所作为了。

换句话说,你是以"赚钱"为选择工作的依据,完全置自己的兴趣于不顾,那么,你已经踏出了错误的第一步。

假使你不喜欢一份工作,只是为了"钱"而不得不与之为伍,一过就是10年、20年,当有一天你会猛然发觉,自己的人生竟然如此贫乏,耗尽半生光阴却没有做过一件令自己快乐的事。

如果你选择自己喜欢的事去做,即使赚钱不多,却乐此不疲,结果你反而会发现,由于坚持所爱,不仅让你彻底发挥才能,甚至还能做出一番不凡的业绩。

托蒂是两家规模不算太小的企业的董事长,他却放着老板不当半路出家演起舞台剧。

舞台上的托蒂,是个十足的耍宝大王,非常放得开。据说,他曾经有过"让观众从椅子上笑得摔下来"的记录。

起初,托蒂只是基于好玩,应邀在太太参与的妇女社团中客串,男扮女装演出蝴蝶夫人、老岳母等角色。有一回,他在台上表演,台下坐的来宾正好是一位著名导演,托蒂的表演才华就这样被"发掘"出来。

托蒂第一出正式的处女作,是参与表演"厨房闹剧",

> 他在剧中饰演一名银行家，角色颇具喜剧感。托蒂兴致勃勃地招待一些企业界的朋友前去观赏，有人对他初试啼声的演技大加赞赏，有的朋友却认为他是在作践自己。
>
> 托蒂不介意别人怎样看他。他说，自己的玩心很重，“经营事业”和“演戏”这两件事，前者对他是副业，后者才是正业，他不讳言，演戏反而让他得到更多的成就感。
>
> 不像很多企业家一心只想追求利润，扩充事业规模，托蒂自称是个没有什么企图心的人，“我只想让自己快乐。”他认为，即使自己每天拼了命工作十几个小时，业绩成长充其量不过百分之五、百分之十而已，个人生活却彻底被牺牲了。

杰克和托蒂都得到了自己想得到的东西。他们两人的事业都有一个在别人眼中前途无量的开始，如果他们陶醉在这“前途无量”里执着地走下去，最终只能造就一个三流演员和一个焦头烂额的小老板。

勇于舍弃，敢于割爱

把自己当作泥土

一个年轻人千里迢迢来到法门寺，对住持释圆大师说："我一心一意要学丹青，但至今没有找到一个令我满意的老师。许多人都是徒有虚名，他们的画技还不如我。"

释圆听了，淡淡一笑："老僧虽然不懂丹青，但也颇爱收集一些精品。既然施主画技不比那些名家逊色，就烦请施主为老僧留下一幅墨宝吧。"年轻人问："画什么呢？"释圆说："老僧最大的嗜好就是饮茶，尤其喜欢那些造型流畅古朴的茶具。施主可否为我画一个茶杯和茶壶？"年轻人说："这很容易。"于是，他铺开宣纸，寥寥数笔，就画成了一个倾斜的水壶和一个造型典雅的茶杯。那水壶的壶嘴徐徐吐出一脉茶水来，正注入那茶杯里去。年轻人问："这幅画您满意吗？"释圆微微一笑，摇了摇头说："你画得是不错，只是将茶壶和茶杯的位置放错了，应该是茶杯在上，茶壶在下啊！"年轻人听了，笑道："大师为何如此糊涂？哪有用茶杯往茶壶里注水的？"

释圆说："原来你懂得这个道理啊！你渴望自己的杯子里能注满那些丹青高手的香茗，但你总是将自己的杯子放得比茶壶还要高，香茗怎么能注入你的杯子呢？涧谷把自己放在低处，才能汇集山上流下来的水；人只有把自己放在低处，才能吸纳别人的智慧和经验。"

> 年轻人思忖良久，终于恍然大悟。

释圆大师说得已经很明确了，一个人要想取得突出的成就，要想成就一番事业，首先就应该先把自己的位置放在最低处，因为你只有拥有了敢于把自己放在最低处的勇气，并如此去做，才会学到别人的东西。

> 曾有这样一个农家出身的学子，因家境贫穷，中学毕业去当了合同制养路工。那时候整个路队就他一个是合同制工人，工资微薄，生活艰难。他爱学习，闲暇时不忘读书，坚持函授大学课程。他尊重别人，好为人做些提水、打扫卫生等的小事儿。因此，大家像关爱一个小兄弟那样关爱他，给他提供条件让他学习，促他成才。他通过努力函授学习获得了大学文凭，又有许多写公路人、公路事的新闻稿被报刊采用，因而被上级领导赏识，转正，上调局机关，现已成为一县公路段段长了。
>
> 春节回家，一帮老同学们相聚，问他成功的秘诀，他说，每有收获，我都警醒自己，我是农民的儿子，很普通、很浅薄、很卑微呀，事事得努力、认真……就是这样，他一月月、一天天地积攒着自己，才使自己脱颖而出、光彩照人的。

诗人鲁藜也如是说："把自己当作泥土吧，老是把自己当作珍珠，就时时有被埋没的痛苦。"在一个群体里，你总试图当主角去显示自己的本事，招惹了人怨，现实会让你格格不入。一个怀才不遇的人，总看不到别人的优秀，一个愤世嫉俗的人，总看不到世界的精彩，而最终让情绪笼罩了自己，人生一无所成。试图去调整一下你的心态，并勇于将自己放到最低处，天地马上会豁然开朗，你的心境也会开朗。

把自己放到最低处吧！那时的人生境界才是最高的。海纳百川，成汪洋之势，就是因为它的位置低。

敢于舍弃

著名诗人李白曾有过“仰天大笑出门去，我辈岂是蓬蒿人”的名句，潇洒傲岸之中，透出自己建功立业的豪情壮志。凭借生花妙笔，他很快名扬天下，荣登翰林学士位这一古代文人梦寐以求的事业巅峰。

但是一段时间之后，他发现自己不过是替皇上点缀升平的御用文人。这时的李白就面临一个选择，是继续安享荣华富贵，还是走向江湖一路漂泊呢。以自己的追求目标作衡量标准，李白毅然选择了“安能摧眉折腰事权贵，使我不得开心颜”，弃官而去。

一只老鹰被人锁着。它见到一只小鸟唱着歌儿从它身旁掠过，想到自己却……于是它用尽全身的力量，挣脱了锁链，可它也挣折了自己的翅膀。它用折断的翅膀飞翔着，没飞几步，它那血淋淋的身躯还是不得不跌落在地上。老鹰向往小鸟的自由，挣脱了锁链，却牺牲了自己的翅膀。

自由和锁链本来就是孪生兄弟。在革命的年代，“若为自由故，两者皆可抛”的气概无时不在。“不自由，毋宁死。”自由是人生最佳境界，为了自由，宁愿舍弃自己的翅膀甚至生命，这是何等的勇气。

有追求必有所放弃，学习也是如此。要在学业上取得更大的进步，就需要不断抛弃陈旧的观念，更新知识，不断调整、改变思维方式。法国生理学家贝尔纳说：“构成我们学习上最大障碍的是已知的东西，而不是未知的东西。”爱因斯坦也说过：“我不久学会了识别那些导致深邃知识的东西，而把其他许多只是充塞耳目、会转移主要目标的东西撇下不管。”

民俗学家钟敬文先生在谈到做学问时也强调要敢于

舍弃。他说："做学问是一件很艰苦的精神劳动，必须集中精力智力，认认真真，孜孜不倦地去进行，不能分心（当然工作之余的其他爱好另当别论）。这就要求敢于舍弃，舍弃那些影响做学问的东西。'敢舍弃'，概而言之，有三层意思：一是要敢于舍弃对生活享乐过多的追求，以免去物质之累；二是要敢于舍弃对功名利禄、个人得失的追求，以免去心理之累；三是要敢于限制自己其他的爱好，以免去精力之累。只有这样，才能够最大限度地把有限的智力和精力集中起来，专心致志，一门心思搞研究。如此持之以恒，方能有所成就。

"这个道理，说起来都明白，但实际做起来就不那么容易。有些人，很聪明，很有才气，本来可以在学术上做出比较大的成就，但却不能摆脱上面说的'三累'，精力分散，心里也不得安宁，结果自我埋没了，很可惜。要想在学术上有所成就，必须在别的方面敢于舍弃，敢于割爱，要不然，样样都像做学问那样认真，那就什么也做不成了。这是无情的辩证法。我如果当时舍不得割掉诗文创作的爱好（变为业余），下决心专门从事民间文学、民俗学研究，在学术上绝对不会有今天的局面。"

敢不敢"舍弃"的问题，说到底还是一个理想问题。如果你的学术理想真正树立起来了，真正地变成了自己生命的一部分，那么再大的"爱好"，再多的"追求"，只要有碍于它的实现，就自然会有决心去舍弃，去限制。

放弃，对每一个人来说，都是一个痛苦的过程，因为放弃意味着永远不再拥有，但是，不会放弃，想拥有一切，最终你将一无所有，这是生命的无奈之处。

你必须学会放弃，选择适合你自己应该拥有的，否则，生命将难以承受！

舍弃需要智慧和勇气

舍弃是一种智慧,因为"舍"的后面就是"得"。懂得舍弃,才会成功;懂得舍弃,才会持续成功;也只有懂得舍弃,才会在成功之后迎来更大的成功。

同时,舍弃也需要莫大的勇气。所谓壮士断腕、丢车保帅,说明舍弃是为了更好地生存,或者赢取最后的胜利,但你必须首先承受"断腕"和"丢车"的痛苦。舍弃老功臣,要顶住各方面的压力;舍弃管理模式,要承受过渡期间的阵痛;舍弃产品和经营模式,更要承担失败的风险;而舍弃自己,则是智慧、勇气与能力的综合体现。

日本著名的经营顾问一仓定先生在他的《社长论》中说:"产品慢慢上了年纪,销售额的增长渐渐变得困难了。反过来,效益也日益低下。于是这个产品成了造成企业业绩恶化的罪魁祸首。是否放弃这个产品,对企业业绩的好坏影响极大。但是通常很难做出放弃它的决定,因为它曾经是我们公司的龙头产品。这个道理很简单,但却难以实施。'割爱'之难,在现实生活中是难以想象的。但是我们必须明白,舍弃是革新的第一步。"

正因为舍弃太难,所以成功者永远只是少数。

有一个很老的典故。两个和尚都想去一个很远的地方,但是一个穷一个富,结果是那个穷的靠"讨饭"(和尚应该说是"化缘")到了,而那个富和尚却一直没能达到,因为他一直在想如何租船及设计路线等事情。

从这个典故来说,其实比较容易到达目的地的本来就应该是那个穷和尚。原因很简单,因为穷和尚要舍弃的东西比富和尚要少得多。穷和尚本来就是靠"化缘"生活的,他出去也是"化缘",而且还可以多些游历,并且千古留名,何乐而不为？最多只是舍弃了一个熟悉的"化缘"环境。而富和尚就不一样了,他至少要舍弃那安逸富足的生活，也许还要舍弃已有的“威望”等其他一些无法舍弃的东西。所以，穷和尚比富和尚更容易到达自己的目标。

有时，我们之所以没有成功，不是因为条件不够好，而是条件够好。而我们无法舍弃现有的一切，结果也就一直没能成功。

佛语有云：勇于追求是一种精神，勇于舍弃却是一种境界。的确，尘世中有太多的功名利禄，人浮于事，便有了太多的追求思慕。然而生命毕竟是一个稍纵即逝的旅程，揽住了明月，就挽不住清风。

为了追求大山的巍峨伟峻，就必然要舍弃小丘的玲珑俊秀；为了追求大江的波涛浩瀚，就必然要舍弃小溪的清流婉转；为了追求大漠的孤烟耸立，就必然要舍弃小园的豆苗稀疏。

果实舍弃了花朵的美丽，换来了秋实的丰硕；小草舍弃了温室的舒适，换来了生命的刚强；幽兰舍弃了婀娜的姿容，换来了清新的暗香；雄鹰舍弃了低空的浅飞，换来了高空的壮美；烟花舍弃了安静的闲逸，换来了五彩的神奇。

舍弃了花团锦簇的渲染，一抹衰兰数枝瘦竹才能勾勒出画的风韵；舍弃了八音齐奏的喧嚣，五尺桐木几缕弦才能流淌出泉的天籁；舍弃了浓辞艳赋的堆砌，一藤一树一鸦才能点缀出秋的悲凉；舍弃了推杯换盏的更迭，一盏清茶半碗米粥才能烘托出人的情操。

学过茶道的人都知道有一道工序叫作舍弃，超脱红尘的人都知道有一种境界叫作舍弃，深谙人生的人都知道有一种智慧叫舍弃。

舍弃了五斗米，陶渊明吟出“采菊东篱下，悠然见南山”的闲适；舍弃了官场名利，李白道出了“相看两不厌，唯有敬亭山”的清幽；舍弃了富贵生活，杜甫看到了“无边落木萧萧下，不见长江滚滚来”的悲怆；舍弃了浮世华美，王维悟到了“人闲桂花落，夜静春山空”的雅致。

舍弃不是失掉幸福，而是成就完美——经过淘洗的完美。人

生不能追求绝对的完美，但我们可以追求经过舍弃的完美。就像背上包袱太多，我们需舍弃一些轻松上路一样。

人生本就是一条路，一条漫长且艰辛的路，途中会有鸟语花香，会有花红柳绿，但前进的脚步不能止住，因为我们追逐的是梦想，寻求的是明天，我们别无选择，只有舍弃那些看似美好的温柔陷阱，才能追求那些遥远的人生梦幻。

生命亦如是，生命只是我们借来一用的资本，经营的项目由我们自己选择，但资本有限，这样我们就须舍弃一些非必需的项目，那么当生命归还时，我们可以仰望苍天自豪地吟啸："我是最后的赢家！"纵然归还了资本，我们还有盈利，可供世人享用。

懂得隐退

有多少人把"隐退"当成失败。曾经有过非常多的例子显示，对于那些惯于享受欢呼与掌声的人而言，一旦从高空中掉落下来，就像是艺人失掉了舞台，将军失掉了战场，往往因为一时难以适应，而自陷于绝望的谷底。

心理专家分析，一个人若是能在适当的时间选择做短暂的隐退（不论是自愿还是被迫），都是一个很好的转机，因为它能让你留出时间观察和思考，使你在独处的时候找到自己内在真正的世界。

唯有离开自己当主角的舞台，才能防止自我膨胀。虽然，失去掌声令人惋惜，但往好的一面看，"隐退"就是在进行深层学习，一方面挖掘自己的阴影，一方面重新上发条，平衡日后的生活。当你志得意满的时候，是很难想象没有掌声的日子。但如果你要一辈子获得持久的掌声，就要懂得享受"隐退"。

事实上，"隐退"很可能只是转移阵地，或者是为了下一场战役储备新的能量。但是，很多人认不清这点，反而一直缅怀着过去的光荣，他们始终难以忘情"我曾经如何如何"，不甘于从此做个默默无闻的小人物。

作家费奥里娜说过一段令人印象深刻的话：“在其位的时候，总觉得什么都不能舍；一旦真的舍了之后，又发现好像什么都可以舍。”曾经做过杂志主编，翻译出版过许多知名畅销书的费奥里娜，在40岁事业最巅峰的时候退下来，选择当个自由人，重新思考人生的出路。

> 40岁那年，麦利文从创意总监被提升为总经理，三年后，他自动“开除”自己，舍弃堂堂“总经理”的头衔，改任没有实权的顾问。
>
> 正值人生最巅峰的阶段，麦利文却奋勇地从急流中跳出，他的说法是：“我不是退休，而是转进。”
>
> “总经理”三个字对多数人而言代表着财富、地位，是事业身份的表征。然而，短短三年的总经理生涯，令麦利文感触颇深的，却是诸多的“无可奈何”与“不得不为”。
>
> 他全面地打量自己，他的工作确实让他过得很光鲜，周围想巴结他的人更是不在少数，然而，除了让他每天疲于奔命，穷于应付之外，他其实活得并不开心。这个想法，促成他决定辞职，他说：“人要回到原点，才能更轻松自在。”
>
> 辞职以后，司机、车子一并还给公司，应酬也减到最低，不当总经理的麦利文，感觉时间突然多了起来，他把大半的精力拿来写作，抒发自己在广告领域多年的观察与心得。
>
> “我很想试试看，人生是不是还有别的路可走?”他笃定地说。

人生机遇不同，有人是“开高走低”，少年得志，结果却晚景凄凉；有人则是“开低走高”，原先不怎么顺畅，到了中年以后才开始发迹。

曾经在台湾股市刮起一阵旋风的胡立阳声称，自己就是典型“开高走低”的人，年纪轻轻，不到35岁就博得过满堂喝彩。然而，精彩表演结束，离开了光芒四射的舞台，过去所有的丰功伟业全部被一笔勾销。

当他看到一些比他晚出道的后辈，如今几乎个个拥有一片天，心情之落寞更是难以言喻。胡立阳不讳言，有一阵子，自己真是患得患失到了极点，并且严重失眠。

就这样过了两三年，直到去淡水看海，一个人独坐海边整整6个小时，望着潮起潮落，他突然有所领悟：“大海不永远都是后浪推前浪吗？这就是人生啊！不光是我一个人的际遇而已，我又有什么好自怨自艾的呢？”

从淡水看海以后，胡立阳算是彻底醒悟过来，他察觉到，人不应该一直缅怀过去，否则会越来越消沉，冲劲会流失。他决定让自己重新“归零”，把从前的记忆全部抛开，做一个“没有过去，只有未来”的人。

经过高峰到谷底，胡立阳形容目前的自己是“打着光脚走路”，不管别人怎么看他，他只想踏踏实实做自己喜欢做的事。“如果你自认只是个平凡人，你就不会觉得自己失去过什么。”

上帝关上一道门，还会为你开启另一扇门

皮尔·卡丹的“梦”

法国少年皮尔从小就喜欢舞蹈，他的理想是当一名出色的舞蹈演员。可是，因为家境贫寒，父母根本拿不出多余的钱来送皮尔上舞蹈学校。皮尔的父母将他送到一家缝纫店当学徒，希望他学一门手艺后能帮助家里减轻点负担。皮尔厌恶极了这份工作，不仅因为繁重的工作所得的报酬还不够他的生活费和学徒费，重要的是，他为自己的理想无法实现而苦闷。

皮尔觉得，与其这样痛苦地活着，还不如早早结束自己的生命。就在皮尔准备跳河自杀的当晚，他突然想起了自己从小就崇拜的“芭蕾音乐之父”布德里，皮尔想，只有布德里才能明白他这种为艺术献身的精神。他决定给布德里写一封信，希望对方能收自己做学生。

很快，皮尔收到了布德里的回信。布德里并没提及收他做学生的事，也没有被他要为艺术献身的精神所感动，而是讲了他自己的人生经历。布德里说他小时候很想当科学家，因为家境贫穷无法送他上学，他只得跟一个街头艺人跑江湖卖艺……最后，他说，人生在世，现实与理想总是有一定的距离。在理想与现实生活中，首先要选择生存。只有好好地活下来，才能让理想之星闪闪发光。一个连自己的生命都不珍惜的人，是不配谈艺术的。

布德里的回信让皮尔猛然省悟。后来，他努力学习

缝纫技术。从23岁那年起,他在巴黎开始了自己的时装事业。很快,他便建立了自己的公司和服装品牌。他就是皮尔·卡丹。

在一次接受记者采访时,皮尔·卡丹说:“其实自己并不具备舞蹈演员的素质,当舞蹈演员只不过是少年轻狂的一个梦而已。”

经商的巴尔扎克和跑龙套的莎士比亚

巴尔扎克曾经梦想着做一个经营有方的商人,开过印刷所,做过小生意。尽管他颇有经营头脑,但无奈时运多舛,屡屡受挫,只得放弃。于是,他捡起冷落已久的笔,重操旧业。巴尔扎克若不是及时从商海里“回头是岸”,恐怕就不会有那个写出《人间喜剧》等名著而蜚声世界的文学大师。

莎士比亚原是个跑龙套的三流演员,后来他发觉自己在表演上确实没有天赋,难成大器,也明智地选择了放弃,改而搞戏剧创作,写出了《罗密欧与朱丽叶》等不朽的剧作,成为一代戏剧大师。

毫无疑问,世人不应当轻言放弃,因为胜利常常孕育在再坚持一下的努力之中。但是,在有的情况下,你已经付出了最大的努力,但却未取得理想的结果。这就需要认真考虑一下:如果是自己选定的目标、方向同自己的才能不相匹配,就需要勇敢地选择放弃,转而另辟新径,根本没必要在一棵树上吊死。

人生如果总是无休止地追求,而不知道放弃,对完全没有实现可能的目标仍然穷追不舍,结果不但会无端地浪费时间和精力,而且会因达不到预想目标而烦恼不堪,痛苦不已。

其实,放弃就是面对生活的真实,承认挫折,明智地绕过暗礁,避凶趋吉，让自己理性地抵达阳光的彼岸。敢于放弃，是一种明智的选择，是一种境界，是另一种更实际、更科学、更合理的追求。

塞翁失马，焉知非福

人生很多事，都是“山重水复疑无路，柳暗花明又一村”。

有人到微软去找一份清洁工的工作，在经过面试和实做（打扫厕所等）以后，人事部门告诉他被录取了，并向他索要电子信箱地址，以寄发录取通知和其他文件。他说：“我没有。”人事部门告诉他，对于微软来说，没有E—mail的人等于不存在的人，所以微软不能聘用他。

他很失望地离开微软，口袋里只有10美元。他到便利商店买了10公斤马铃薯，挨家挨户地推销。两个钟头后他卖光了所有马铃薯，获利100%。他又做了几次生意，把本钱增加了一倍。他发现这样可以挣钱养活自己。

于是，他认真地做起这类生意来。一些运气加上努力，他的生意越做越大，还买了车以及增加了人手。5年后，他建立了一个很大的“挨家挨户”的配售公司，向人们提供在自家门口就可以买到新鲜蔬菜的服务。

他考虑到为家人规划未来，于是计划买一份保险。签约时，业务员向他要E—mail，他再次说：“我没有计算机，更别提E—mail了。”业务员很惊讶：“您有这样一个大公司，却没有E—mail。想想看如果您有了计算机和E—mail，可以做多少事！”

他说：“我会成为微软的清洁工。”

的确如此，如果他当初有计算机和E—mail，那么，他理所当然地就成了微软的清洁工，也就理所当然地没有了今天的比清洁工成功几十倍甚至上百倍的事业。事情往往就是这样，失去的同

时,你也将会得到。正如一首诗歌中写道:“不必太在意远方美丽的天空,因为比天空更加美丽的,还有手中的火把和身边的星星。”

泰戈尔也曾经这样说过:“如果你为错过太阳而流泪的话,你也会错过星星的。”其实对生活、对机遇、对感情、对很多的东西就应该始终抱着这样一种平和的心态,相信总有一扇门在为你敞开着。

失去了春天的葱绿,我们必将得到丰硕的金秋;失去了青春岁月,它也必将使我们走进成熟的人生……失去,本是一种痛苦,但也是一种幸福,因为失去的同时也在获得,正所谓:“塞翁失马,焉知非福?”

总有属于自己的一片天

马克·维克多·汉森的事业惨败。他经营的建筑业彻底失败,公司因此破产,最后完全退出了建筑业。

他决定忘记有关这一行的一切知识和经历,去一个截然不同的领域创业。他很快就发现自己对公众演说有独到领悟和热情,接着又发现这是个最容易赚钱的职业。一段时间之后,他成为一个具有感召力的一流演讲师。终于有一天,他的著作《心灵鸡汤》和《心灵鸡汤第二》双双登上《纽约时报》的畅销书排行榜,并停留数月之久。马克成为富翁,他看到了更大一片天空,只是因换了一个看天的角度。

连·史卡德家的墙上有一个相框,里边有十几张名片,每张名片都代表了他从事过的一项工作。有的工作是由于自己做不好而放弃了,有的工作虽然自己完成得很好但不喜欢所以放弃了。对这十几项工作,他没有一项能坚持到底。然而，他的执着精神是以不断地寻找最适合自己的工作而表现出来的，他找到了一个适合自己的职业，一直做了10多年，最后成为百万富翁。他建立了一个跨国公司，在全世界有几千家分销商。

密歇根州的艾达市，你会看到规模宏大、布局复杂的安利公司。该公司现在拥有几十万个分销商，年营业额以10亿美元计。正是因为李奇·德沃斯和杰·瓦·安德尔两个好友，当年连续更换了许多次工作，直到最后由于对公司管理层的不满而退出了纽奇莱特公司，才有了今天的安利公司。如果你每年在玛丽·凯公司召开年度大会的时候去达拉斯市，你会看到几千名粉红装束，开着粉红色卡迪拉克和别克轿车的女强人。而玛丽·凯公司作为化妆品的王国，最开始创建的原因是玛丽·凯在一家直销公司做经销商遭受到生意上的挫折，她辞职后自己创办了玛丽·凯公司。

总有属于自己的一片天，关键在于你遇到挫折后正确地放弃过去，去寻找真正适合自己的舞台。

失之东隅，收之桑榆

“红顶商人”的心计与智慧

胡雪岩本是浙江杭州的小商人，他不但善经营，也会做人，颇通晓人情，懂得“惠出实及”的道理，常给周围的人一些小恩惠。但小打小闹不能使他满意，他一直想成就大事业。他想，在中国，一贯重农抑商，单靠纯粹经商是不太可能出人头地的。大商人吕不韦另辟蹊径，从商改为从政，名利双收，所以，胡雪岩也想走这条路子。

王有龄是杭州的一个小官员，一直想往上爬，又苦于没有钱做敲门砖。胡雪岩与他也有些来往，随着交往加深，两人发现他们有共同的目的。王有龄对胡雪岩说：“雪岩兄，我并非无门路，只是手头无钱，空手总是套不了白狼。”胡雪岩说：“我愿意倾家荡产来帮助你。”王有龄说：“我富贵了，决不会忘记胡兄。”

胡雪岩变卖了家产，筹集了几千两银子，送给王有龄。王有龄去京师求官后，胡雪岩仍旧操其旧业，对别人的讥笑并不放在心上。

几年后，王有龄穿着巡抚的官服登门拜访胡雪岩，问胡雪岩有何要求，胡雪岩说：“祝贺你福星高照，我并无困难。”

王有龄是个讲交情的人，他利用职务之便，令军需官到胡雪岩的店中购物，胡雪岩的生意越来越好、越做越大。他与王有龄的关系亦更加密切。

后来，太平军占领杭州，王有龄上吊自杀。失去王有龄的支持，胡雪岩并没苦闷多久，他要找新的支持者，他看中了新任的浙江巡抚左宗棠。他拿出一部分银子，为左宗棠的湘军筹办粮饷和军火，赢得了左宗棠的好感和信任。后来，随着左宗棠权力的升高，胡雪岩也是吉星高照，被左宗棠举荐为二品官，成为大清朝唯一的“红顶商人”。

石油大王的失与得

美国石油大王洛克菲勒，在资本原始积累时期，为了聚敛财富，他的行动充满了血腥，使多少企业破产倒闭，又使多少人倾家荡产。他以追逐金钱为人生最大的快乐，赚了很多的钱，同时也收获了无数人的仇恨。

退休后的洛克菲勒，生活在深深的悔恨和愧疚之中。在经过痛苦的反思之后，他终于明白了金钱并不等于快乐。他决定将慈善事业作为自己晚年的追求。他先捐献给美国普通教育委员会 1000 万美元，一年后又追加了 3200 万美元，这笔资金共为南方兴建了 1600 多所中学。当南方深受钩虫病影响时，他拿出 100 万美元，成立了洛克菲勒卫生委员会，使钩虫病得到了控制。

为了开创一项永久性慈善事业，他组建了洛克菲勒基金会。基金会成立后，曾资助医疗人员向世界范围内的流行病进攻，包括疟疾、黄热病等。后来，还在中国创立了协和医院。晚年的洛克菲勒追求慈善事业，不再沉迷于聚敛财富，还喜欢与朋友打球、聊天，喜欢教育子孙，享受天伦之乐，并且经常向路人施舍金钱。他在这样的晚年生活中，终于找到了迷失已久的快乐。

舍剑得友

春秋时期吴国有个贤士叫季礼。一次,他出使路过徐国,顺便去看望老朋友徐君。徐君见他佩戴的剑十分精美,非常喜爱,但又不好开口要,聪慧的季礼怎么不知徐君的心意呢?但想到他需这把剑出使佩带,也就没说明。等到季礼出使回来,想把剑送给徐君时,徐君已去世了。季礼异常悲伤,他解下剑,放在徐的墓前,他的随从感到奇怪,就问:"徐君已死,你为什么要白浪费一把剑呢?"季礼说:"徐君在世时十分喜爱此剑,我在心里也想把它送给他。现在,他去世了,我一定要把剑给他。"这件事慢慢传开去了,大家纷纷赞扬季礼是个讲信义的人,许多人不远千里,来和他交朋友。

徐君人已经死了,季礼完全可以不牺牲那把剑。况且,徐君去世了,也不可能得到剑,这看似是一种愚笨的吃亏,实是一种大智若愚的做法,结果证实了这一点,季礼失去一把剑,却得到许多贤能的朋友。

吃小亏得大福

东汉时期,有个在朝官吏叫甄宇,时任太学博士。他为人忠厚,遇事谦让,人缘不错。有一年临近除夕,皇上赐给群臣每人一只外番进贡的活羊。具体分配时,负责人犯了愁,因为这批羊有大有小,肥瘦不均,难以分发。大臣们纷纷出谋划策:有人主张把羊只通通杀掉,肥瘦搭配,人均一份;有人主张抓阄分羊,好孬全凭运气……朝堂上炸开了锅，七嘴八舌争论不休。这时，甄宇说话了："分只羊有这么费劲吗？我看大伙儿随便牵一只羊走算了。"说完，他率先牵了其中最瘦小的一只羊，潇潇洒洒地回家过年去了。见甄宇如此，众大臣停止争论，纷纷效仿，羊只很快被分发完毕，众人皆大欢喜。此事传到当朝光武帝耳中，甄宇就得了"瘦羊博士"之美誉，称颂朝野。不久在群臣推举下，他又被朝廷提拔为太学博士院院长。

温州商人以精明著称于世，以"吃亏"赢取信誉不失为一种精明。

有这样一位温州籍商人，在陕西铜川开了家机电设备公司，人称刘老板。一次，有个老客户来买电器配件。客户火烧眉毛要得急，因为一天拿不到这个配件，其所在的企业就一天开不了工，就要白白损失 5 万多元。刘老板找遍公司存货，都没找到这个配件。他安慰客户不要着急，并保证在一天之内一定把货搞到。有了刘老板这句话，客户心安了。说到就要做到。刘老板亲自出马打车直奔省会西安，谁知西安也没有货。于是连夜搭乘飞机飞赴杭州，下飞机已是凌晨 3 点。他二话没说，付了几百元车费又打出租赶往温州老家。在温州，几经周折联系了十几个厂家后才买到那个奇缺的电器配件。为了赶时间到温州机场，出租车路过家门口，他一咬牙、一狠心，没有叫停出租车去探望二老，只在心中默念：年迈的双亲啊，请原谅儿子的不孝吧。当他把货交到客户手中时，一看表，正好 24 个小时。一个 300 元的配件，顶多赚取 30 元的利润，但刘老板付出的，除受累受饿不说，还付出了 3000 多元的出租车和飞机票的钱。客户所在企业深受感动，第二天敲锣打鼓，送来一块大匾，还捎带着拉上当地媒体……很快，刘老板甘愿吃亏的高尚人品家喻户晓，在业内更是好评如潮，其公司生意也就日益兴隆光大。

甄宇吃小亏牵走了小羊，却得到了被皇上器重的大福；刘老板为了给客户买配件，看似亏了几千元，但与他日后赚取的千万元财富相比，又算得了什么？故意吃亏不是亏，而是有着深谋远虑的精明之举。吃小亏得大福，古今亦然。

放弃金钱，找回快乐

从前有个富翁，有着许多的财富，一直很幸运。然而，令富翁烦恼的是，遇到了一个没日没夜爱唱歌的邻居，结果得了失眠症。最后，富翁想了个办法让邻居安静下来。一天，富翁把邻居请到家里，问道："你一定很快乐，是吗？""是呀！我有一个非常善良能干的妻子，能不快乐吗？"邻居说。"你一定也有很多的钱了？"富翁问。"很惭愧，一文多的也没有。不过正因为如此，我才无所贪求。""你希望有钱么？""有钱当然会使生活过得好一些，比如您……"邻居说。"那么，我送你 5 万美元吧，希望你谨慎使用它，不到万不得已时不要随便挥霍掉它。"富翁嘱咐道。邻居谢过富翁，高兴地提着钱袋走了。

回去后，邻居把这钱埋在家中的地下。从此，他的快乐也随同金钱一块儿被埋掉了。白天，他提心吊胆，生怕有小偷进来挖走了钱袋，哪怕一只猫从屋中走过，也会吓得他一身冷汗。夜晚，他草木皆兵，忧虑、失眠，辗转反侧，痛苦不堪。

而那富翁呢，倒是实实在在睡了一段时间的好觉。

终于有一天，邻居把这袋钱还给了富翁，找回了快乐。

傻子经营法

只要是生意人，没有不希望顾客多花钱多消费的。然而，世上偏偏就有这样的“傻子”，他做生意就不准顾客多花钱。

他是我的一位朋友，到一个陌生的城市经营餐饮业。他一没背景，二没关系，亲戚朋友都说不行，劝他趁早放弃，但他丝毫不动摇。饭店很快开张了，不仅请了名师主厨，而且还打出一块醒目的牌子：20 元内足以让你在本店吃饱、喝足，并享受美味特色佳肴。所以，本店规定，凡光临本店的顾客，平均每人消费不得超过 20 元，违者受罚。这样的店规在这座古老的大城市实在是史无前例，很快便作为趣闻被人们传遍了全城。

“傻，不准顾客多消费，这家伙真是傻得出奇！”这是人们议论得最多的一句话。

没承想，朋友的饭店开张没多久，生意却出奇的好，每天都是顾客爆满，还有许多人排队等着。没办法，朋友只好赶紧扩大规模，还是满足不了顾客的需求。紧接着，朋友又开起了几家连锁饭店，生意都一样的红火。仅几年时间，朋友的连锁饭店便占据了这座城市餐饮连锁行业的半壁江山。

朋友戏谑说，这叫“傻子经营法”。其实，这种“傻子经营法”并非我这位朋友发明的，在国外早已有类似的例子。

美国波士顿有一家颇有特色的饭店，凡来饭店就餐的顾客，都开具发票并记下顾客的地址、姓名。到了年底，老板再从顾客消费带来的纯利润中抽出 10％作为回报，返汇给顾客，并附简单说明。已经到手的利润“不要白不要”地再拱手送还他人似是蠢举，但实际上这才是真正的高明：收到返汇回来的钱后，顾客们先是大出意外，继而又大受感动，便免不了把它当作新闻向亲戚朋友传播，无形中充当了这家饭店的义务宣传员。这样，这家饭店又增加了新顾客，从而财源滚滚，这比花大价钱去登广告强多了。

还有一个经营石头的商人，靠炸石山卖石头赚钱，每年的利润高达几百万美元。他把这些利润变成投资，逐年把石场周围的土地买下一大片，并一直让它闲置。而他买下土地的目的，是为了斩断房地产开发商在石场周围建房盖楼的念头。一旦石场周围建房盖楼后，就会住进许多住户，住户们就会联合起来投诉石场的爆破声扰民，石场便很可能被禁止开采，断了老板的财路，故石场主才不惜投入重金以绝后患。

傻到极处是精明，事实上，人们都习惯于某种思维定式，若能跳出这种思维习惯，变换一下观察事物的眼光来纵观事物的全貌，事情往往就会是另外一种模样，另外一种结果了。

不计较蝇头小利

有一条汽车线路，是从小港口开往火车站的。不知是因为路程短，还是沿途人少的缘故，客运公司仅安排了两辆中巴来回对开。

开 101 的是一对夫妇，开 102 的也是一对夫妇。

坐车的大多是一些船民，由于他们长期在水上生活，因此，一进城往往是一家老小。

101 号的女主人很少让船民给孩子买票，即使是一对夫妇带几个孩子，她也是熟视无睹似的，只要求船民买两张成人票。有的船民过意不去，执意要给大点的孩子买票，她就笑着对船民的孩子说：“下次给带个小河蚌来，好吗？这次让你免费坐车。”102号的女主人恰恰相反，只要有带孩子的，大一点的要买票，小一点的也得买半票。她总是说这车是承包的，每月要向客运公司交多少多少钱，哪个月不交足，马上就干不下去了。

船民们也理解，几个人就掏几张票的钱，因此，每次也都相安无事。

不过，三个月后，门口的102号不见了。听说停开了，干不下去了，因为搭她车的人很少。

一点点的人情味，比十足的精明更容易得到回报。

人说精明难，其实糊涂更难。人活世上，如果连一点蝇头小利都不放过，那么可以说你太“精明”了，而你的人生又是太失败了。一个人活在世上要有点人情味，这是一种对人生的理解，其实也是一种做人的智慧。因为有时候，失去一点蝇头小利，或许在别处你会获得更大的利益。

一次付出换来一条退路

西汉时，晁错因吴楚七国之乱被诛杀以后，袁盎以太常身份出使吴国。吴王想让袁盎担任将领，袁盎不答应。吴王就想杀掉他，派了一个都尉带领五百人把袁盎包围在军营中。袁盎当初担任吴国的相国时，有个从史曾经和袁盎的婢女私通，袁盎知道这事后，并没张扬出去，对待从史仍然和过去一样。有人告诉从史说：“相国知道你和他的婢女私通之事了。”从史便逃走了。当时袁盎亲自驱车追赶，追上后就把婢女赐给了他，而且仍旧让他担任

从史。等到袁盎出使吴国被困时，过去那位从史恰好担任围守袁盎的校尉司马。他把自己的全部行装变卖，换来了两石好酒，当时正赶上天气寒冷，士兵饥渴，他就让士兵们痛饮，不一会儿，守卫西南角的士兵就醉倒了，校尉司马趁天黑拉起袁盎说："您可以走了，吴王原打算明天杀您。"袁盎半信半疑问："您是干什么的？"校尉司马说："我就是过去做从史时和您的婢女私通的那个人。"袁盎大吃一惊，忙道谢说："您还有父母在世，我不能因此连累您。"校尉司马说："您只管快走，我也随后逃走，去藏好我的父母，您不必担心！"说罢就用军刀割开帐幕，领着袁盎从醉倒士兵把守的路上径直逃了出去。

袁盎与校尉司马分路而行，袁盎解下节旄揣在怀里，手拄节杖，步行了七八里路，天亮时分，碰上梁国的巡逻骑兵，才骑马飞身逃脱，最后终于回到京都报告了朝廷。若不是袁盎当年赐婢女给那个从史，恐怕要死在吴王刀下了。

从这件事中，我们可以领悟到这样一个道理：舍得付出，自己才能得以成全。在人生过程中，你付出一些微不足道的东西，有时可以成全他人。这样的付出，有时可以为自己留条活路。

两弊相衡取其轻，两利相权取其重

一道选择题

某大学讲授哲学的老师给同学们出了一道这样的选择题：

一个开着名贵双座跑车的人在郊外发现三个拦车的人，一个是身患重病的老奶奶，一个是于他有救命之恩的医生，一个是他追求多日的梦中情人，可是跑车只能搭载一个，请问如何选择？许多同学都选择了重病的老奶奶，选择医生的同学也不少，只有少数同学选择的是梦中情人。哲学老师笑着对同学们说，其实你们无论选择了谁，你们的内心都充满了无奈，有一种完美的选择，却没有一个人想到，那就是让医生开着你的车送老奶奶去医院，你和你的梦中情人在皎洁的月光下幸福漫步。同学们个个都懊恼不已：我为什么就没有想到？

正因为有时候我们不善于放弃，在我们固有的思维里，或许从来就没有想到过要放弃那辆名贵的跑车，在我们的选择项里，只有老奶奶、医生、梦中情人三个选项，所以无论选择放弃谁，结果总是不够完美。

他们中本可以有人能活下来

一个发生在暴风雪中的故事。

父子四人在残冬上山打猎，忽遇暴风雪，于是急忙往山下走。四人衣着都较为单薄，不堪严寒。不久，父亲支撑不住了。他将棉袄披在大儿身上，嘱咐他带两个弟弟下山，好好照顾母亲。然而大儿不肯走，甚至将自己的衣物裹在父亲身上，以图救醒父亲。天气愈加恶劣，最终，儿子们发现父亲已没了气息，才肯哭泣着穿上衣服继续走。不久，大儿也没了力气，悲剧又一次重演。直到最后，一家四个男丁没有一个走出大山，留下了孤苦无依的母亲，还有村民的感叹：他们本可以有人能活下来的啊！

他们盲目地守护亲情，将生命耗费在守护的时间里。他们不懂得放弃的智慧，不明白有失亦会有得，最终他们谁也救不了，还是不得不弃下。如果他们能早一点放弃守护，哪怕只是早一点，也许他们的境况就会有所不同，也许可怜的母亲最少还会有一个儿子相依为命！

与此不同的是在印度洋的大海啸中发生的一个感人的故事。

一位年轻的妈妈在万分紧急的情况下为了救3岁的儿子忍痛放弃了5岁的大儿子。否则，母子三人无生还的可能。救了小儿子之后没想到奇迹发生了，大儿子竟然也得以生还。

相比之下这位母亲的行为更加明智。

这又让人想起一个动物界的现象：

欧洲金雕筑巢于高山悬崖，它以尖利的喙和强壮的爪宣布自己是天空的王者。金雕一窝，只孵出两只幼雏。在食物不足的年代，小金雕就会挨饿，金雕妈妈也只能眼看着孩子饿得嗷嗷叫。到这时，两只小金雕就用力互相挤靠，结果总是相对弱小的那只被挤下山崖摔死。而这时的金雕妈妈又总是容忍这种“兽行”。

两弊相衡取其轻，两利相权取其重，在这些孰重孰轻的权衡中，体现着选择与舍弃的智慧。

吃烂水果

我们都有这样吃水果的经历。

有时候水果买多了，或者是自己刚买了朋友又拿来些，单位一下发了一大箱。水果多了，不可能及时吃完，这时候家里人就会有所分歧：孩子们多半挑好的吃，而年纪越大的人越是先拣不好的吃。等到把坏的吃完了，好的也变坏了，结果往往是很多人从头到尾就没有吃到一个好水果。

面对一箱水果，有人从烂的开始吃，吃了一箱都是烂的，有人从好的开始吃，至少能吃半箱好的。不懂得放弃的人，内心其实是有一种错误的贪婪的思维方式：我全都要！结果往往很不理想：要了坏的，放弃了好的；抓住了芝麻，丢掉了西瓜。

也许这是多年物质匮乏造成的后遗症，但从意识根子上来说，这不是一种节俭的行为，而是一种贪婪和奢望。他们主观上希望能够把全部水果都享受到肚子里，而有意无意地忽略了客观条件的制约。也就是说都想全部占有而不想放弃任何一个。

生活中不会放弃的例子还有很多，不会放弃的人总给自己背上许多沉重而愚蠢的负担。比如说那些式样过时、穿上去使你感觉很不舒服的旧衣服，许多人并不想扔掉，让它们占据着本就拥挤的空间，还要不断地收拾、整理，费时费力；还有很多自己不喜欢的照片，从来也没有想着把它们销毁，日积月累地堆积在影集里，还有很多从来也用不上也没什么纪念意义的东西，等等。

孰重孰轻？

一栋住宅楼发生了大火，一个中年男子在大火中丧生。奇怪的是，他5岁的儿子却逃了出来。

有人问儿子："你是怎么逃出来的？"儿子说："我拿了一块湿毛巾捂住鼻子，贴在地上爬……"这是科学有效的逃生方法。

人们不解："你爸爸不会这么做吗？"

儿子说："会，是爸爸教我这么做的。爸爸和我一起爬到了门口，他说忘了一件东西，就又爬回去了。"

参加救火的消防员说，他们发现那具男尸时，他的手里紧紧地攥着一沓百元大钞。

一个村子发洪水，一个穷人便带上家里所有的吃的爬到树上，而一个财主则带了很多钱在身上。洪水很久不退，穷人凭借干粮活了下来，而财主却被饿死了。

在这样的情况下，即使有钱恐怕也没有地方消费去，财主也正是因为不肯丢弃这些钱最后连自己的最宝贵的生命都给葬送了。金钱不是万能的，在有些时候放弃金钱会有另外一种收获。例如上面故事里的财主，在关键时刻对待金钱可以拿得起放得下，能够放弃金钱，那样就能保住自己的性命，留得青山在，不怕没柴烧，他还是可以再次拥有金钱。小孩的父亲和财主的不幸就在于他们没有分清生命与金钱孰轻孰重，没有在二者之间作出正确的权衡，结果为了金钱付出了生命的代价。

困境中的选择与舍弃

一位樵夫，在山上打柴，不慎掉下悬崖，恰巧吊挂在山崖半空的树干上。此时，喊天天不灵，喊地地不应。对樵夫来说，既然无法上去，吊着也肯定等死，其最佳选择是不如一跳，这样不一定能活，但也不一定就死，换句话说，至少还有活的可能。这就是选择。

另一故事是一位樵夫，在山上打柴，山上突然滚下巨石将樵夫一左手压住，此时，喊天天不灵，喊地地不应，于是樵夫果断砍断左手，包扎后回家。这也是一种选择。

有一个由母亲和女儿构成的家庭，女儿从小内向，不愿与外界接触，母亲为了帮助女儿，决定带女儿出去滑雪。为使女儿高兴，母亲专门为女儿和自己购买了银灰色的漂亮服装，到了滑雪场，服务人员告诉他们不要去标记以外的地方，防止雪崩和迷失方向。但由于她们玩得开心，两人没有意识到已经离开了规定路线，突然听到隆隆响声，才意识到已经进入雪崩区域，赶快躲到一块大岩石背后，雪崩虽然没有将她们压死，但她们迷失了方向，走了好几个小时也无法找到回去的路。

这时，她们看到营救的直升机在空中盘旋，但此时才发现所买的银灰色服装因与雪色接近是个极大的错误，救援人员无法发现她们。在焦急中母亲不慎跌倒，头摔在露出的石头上，流出了鲜血，母女俩此时也极端困乏，昏迷过去。等女儿醒来时发现自己躺在医院里，但已经看不到母亲了，后来才知道，母亲为了让救援人员发现它们，割开了动脉，以鲜血染红衣物和雪，才使救援人员发现了她们并得到了救护。

母亲的选择是牺牲自己保住了女儿。

另有一则相近的故事。

猎人将一群青羊赶到了悬崖的边上，试图逼它们跳崖摔死，但就在青羊走投无路之时，只见一头老青羊走出羊群，大叫几声，羊群奇怪地分成了年轻和年老两队，只见老青羊冲着悬崖边猛跑过去，奋力一跳，后边一只年轻的青羊紧随其后，一定延迟后也是一跳，当老青羊快要下落时，年轻青羊恰到其上边，以老青羊为跳板纵身跳到对岸的岩石上。这样，这群青羊牺牲了年纪大的一半，却拯救年轻的另一半。

这种选择不仅智慧，而且伟大，因为个人的选择放弃的是自己的东西，但获得的也是自己的东西；而对群体而言，他们一部分放弃的是自己的东西，甚至是生命，如那位可敬的母亲和那些可爱的老青羊，但获利者却是别人。所以群体的选择更难，要有人愿意为他人和群体的利益做出牺牲，如“董存瑞舍身炸碉堡”“邱少云事迹”，从群体利益角度看，其选择自然也是智慧的，这种丢车保帅之法也是保证其群体进一步成功的明智抉择。

我们有比钱财更重要的东西

一对男女步入了婚姻的殿堂，在甜蜜的爱情高潮过去之后，他们开始面对日益艰难的生计。妻子整天为缺少金钱而忧郁，闷闷不乐。有钱才能买更大一点的房子，买家具家电，才能吃好的穿好的。可是他们的钱太少了，少得只能够维持最基本的日常开支。

她的丈夫却是一个很乐观的人，他不断地寻找机会开导妻子。

有一天，他们去医院看望一个朋友。朋友说，他的病是累出来的，常常为了挣钱不吃饭不睡觉。回到家里，丈夫就问妻子：“下次如果给你很多的钱，但同时让你跟他一样躺在医院里，你要不要？”妻子想了想，说：“不要。”

过了几天，他们去郊外散步。他们经过的路边有一栋漂亮的别墅。从别墅里走出来一对白发苍苍的老者。丈夫又问妻子：“假如现在就让你住上这样的别墅，不过同时你得变得跟他们一样老，你愿意吗？”妻子不假思索地回答：“我才不愿意呢！”

有一天，新闻报道说，他们所在的城市破获了一起重大团伙抢劫案，这个团伙的主犯抢劫现钞超过100万，被法院判处死刑。罪犯押赴刑场的那一天，丈夫对妻子说："假如给你100万，让你马上去死，你干不干?"妻子生气地说："你胡说些什么呀？给我一座金山我也不干!"丈夫笑了："这就对了。你看，我们原来是这么富有，我们拥有生命，拥有青春和健康，这些财富已经超过100万，我们还有靠劳动创造财富的双手，你还愁什么呢?"妻子把丈夫的话细细地咀嚼品味了一番，也变得快乐起来。

人的财富不仅仅是钱财，它的内涵很丰富。钱财之外还有很多很多，还有比钱财更重要的东西。如果要你在金钱与健康之间选择一样，你会选择哪一样呢？金钱是重要，但是没有了健康的身体，即使有再多的钱，也无福消受。

打个比喻，如果你有胃病，但让你去享用一桌价值200万元的宴席，面对着满桌子山珍海味、美味佳肴，可因为你的胃病，你根本就吃不下或者是消化吸收不了，你会感到快乐吗？绝对不会！然而，一个健康的人，哪怕他的兜里只有2元钱，但是一碗面条他都能吃得很香很高兴。再比如说，如果常常有椎间盘突出的病痛纠缠你，那么给你一张10米长的豪华大床，你同样不会睡得舒服。可是一个身体健康的人，他就可以在任何地方倒头呼呼大睡。

如果把健康的身体比作"1"，金钱、地位、名誉等就都是这个"1"后面的"0"，没有了健康的身体，那么后面这些不也都变成了"0"了吗？现在面对金钱与健康，你又将如何选择呢？不停地工作可以换来很多很多的金钱，可是你的健康却也在亮起一路红灯。这个时候，我们要拿得起放得下，赚钱的目的是为了什么？不是为了能够生活得更好点吗？没有了一个健康的身体，又何谈幸福的生活？因此，有时候金钱的放弃是另外一种获得。"千金散尽还复

来”,世间有很多人看不到这一点,许多烦恼也由此而生。他们难以与幸福结缘,却常常要和不幸结伴而行。

该住手时就住手

适时地放弃

心理学家做过一个试验：

> 一只蝴蝶从敞开的窗户飞进来，在房间里一圈一圈地飞舞，有些惊慌失措。显然，它迷路了，左冲右突努力了好多次，都没有飞出房间，这只蝴蝶之所以无法从原路飞出去，原因是它总是在房间顶部的空间寻找出路，不肯往低处飞，那低一点的位置就是敞开的窗户，甚至好几次，它都飞到高于窗户顶部至多两三寸的位置了，可是就不肯再飞低一点。最终，这只不肯低飞一点的蝴蝶耗尽了气力，奄奄一息地落在桌子上，就像一片毫无生气的叶子。

俗语有云：坚持到底就是胜利。但是我们的坚持迟迟等不到结果的时候，又有谁想过放弃？其实，细想一下，适时地放弃不也是人生的一种大智慧吗？

> 音乐家谭盾初到美国时，只能靠在街头卖艺生存，那时有一个最赚钱的地盘——一家银行的门口，和谭盾一起拉琴的还有一个黑人琴手，他们配合得很好。后来谭盾用卖艺的钱进入大学进修，十年后，谭盾已是一位在国际上知名的音乐家了。一次，他发现那位黑人琴手还在那家银行门前拉琴，就过去问候。那位黑人琴手开口便说："嘿！伙计！你现在在哪个最赚钱的地盘拉琴？"

故事告诉人们：人必须懂得及时抽身，离开那些看似最赚钱却不能再进步的地方;人必须鼓起勇气,不断学习,才能开创出生命的另一高峰。

一个早上,妈妈正在厨房清洗早餐的碗碟。她有一个 4 岁的小孩子,正自得其乐地在沙发上玩耍。

不久之后,妈妈听到孩子的哭啼声。究竟发生什么事呢?妈妈还没有将手抹干,就冲出去客厅看看孩子去了哪里。

原来,孩子仍坐在沙发上。但是,他的手却插进了放在茶几上的花樽里。花樽是上窄下阔的一款,他的手伸了进去,但拿不出来。母亲用了不同的办法,想把卡着了的手拿出来,但都不得要领。

妈妈开始焦急,她稍微用力一点,小孩子就痛得叫苦连天。在无计可施的情况下,妈妈想了一个下策,就是把花樽打碎。可是她稍有犹豫,因为这个花樽不是普通的花樽,而是一件价值连城的古董。不过,为了儿子的手能够拔出,这是唯一的办法。结果,她忍痛将花樽打破了。

虽然损失很大,但儿子平平安安,妈妈也就不太计较了。她叫儿子将手伸给她看看有没有损伤。虽然孩子完全没有任何皮外伤,但他的拳头仍是紧握住似的无法张开。是不是抽筋呢?妈妈又再惊慌失措。

原来,小孩子的手不是抽筋。他的拳头张不开,是因为他紧握着一枚 10 元硬币。他是为了掏出这一枚硬币,所以令手卡在花樽的口内。

老向导的无奈

一队名为“挑战极限”的登山队,准备从最难攀的一面攀登一座雪山。该队聘请了一位老牌的登山运动员做

> 向导。经过近一年的筹措后，决定攀登。当他们差几个小时就攀到顶峰时，老向导突然说要放弃这次攀登活动。他的理由是天气突变，有可能会发生雪崩。但队长是个血气方刚的年轻小伙，眼看就到顶峰了，要放弃他死活都不同意。因为一年当中适合攀登此山的天气状况只有这几天，这一放弃就意味着这一年来的精心筹备要付诸东流。老向导深知此事，但坚持要放弃，他不想让队伍去冒险。但队长听不进去。老向导感到很无奈，只能独自一人下山，而队长带其他人继续登山。结果，除了及时放弃的老向导，其他人全部遇难。第二年，老向导独自一人，成功攀上了顶峰，望天长叹。

人生在世，有许多东西是需要不断放弃的。而人生原本就是一个不断放弃的过程，放弃就是接受变化，放弃就是适应新的事物。然而，在现实生活中，我们更多的人却一味地坚持自己的选择，甚至想当然地认为自己的做法无比正确，于是置家人的阻拦于不顾，把朋友的劝告都当成耳边风，并自豪地把这种坚持称作“执着”。要知道，坚持虽然是一种良好的品质，但有时却容易造成不可挽回的局面。在没有任何科学依据和胜算的情况下，屡屡试验是愚蠢的、毫无益处的。

成功者的秘诀是既具有执着的精神，又能随时检查自己的选择是否有所偏差。能及时放弃无谓的固执，懂得适时地变通。也就是说，放要变，变则通，通则胜。

诺贝尔奖获得者莱纳斯·波林说：“一个好的研究者知道应该发挥哪些构想，而哪些构想应该丢弃，否则，会浪费很多时间在差劲的构想上。”有些事情，你虽然花了很多心血，但发现自己处于一个两难的境地，所走的研究路线也许是一条死胡同。因此，在人生的每一个关键时刻，都要审慎地运用智慧，冷静地用开放的心胸作正确的抉择，选择正确的方向。放弃无谓的固执，是一种更为可贵的心理素质，需要宽广的胸怀。

只有坚持才能成功吗？

我们从小就被灌输这样一个观念：只有坚持才能成功。长大以后，各路大师们也一直不停地教导我们，要想成就事业，必须专注于一件事情，坚持不懈，永不放弃。

这个观念不能说不对，但是也是有条件的。20 世纪 80 年代，文学之风盛行，几乎所有的年轻人都是文学青年，许许多多的人将文学定为了自己终身追求的目标。书读得多了就会发现，写作是需要灵气的，想要当作家，绝不是靠勤奋和坚持就可以，而是需要一些天生的东西。有些人即使努力一辈子也不可能成为作家的，看他们写的东西就知道了。再比如，天天坚持画画就能成为齐白石、徐悲鸿？天天练琴就能成为郎朗、李云迪？显然不是的。

所以“坚持才能成功”的人前提是，你得先找到适合你的事业。

我们随便问问身边事业成功的人，他们是不是一开始创业就进入了现在的行业？大部分的回答应该是否定的。多数创业成功人士的经历反而是，在许多不同的行业中摔过跤。因为不成功而舍弃，正是为了寻找成功。

那么，是不是一件事做成功以后，就应该永远坚持下去呢？答案依然是不一定。李嘉诚最早是做塑料花的，王永庆最早是卖米的，刘永行最早是卖小鸡仔的，可现在这些大佬们做的都是什么行业？我们假设一下，如果他们当初都沿老本行不断坚持下去会怎样？最好的结果无非是，李嘉诚成为香港的“塑料花王”，王永庆成为台湾的“米王”，刘永行成为大陆的“鸡仔王”，那又怎样？怎么也比不上他们现在的成就吧！

所以，成功之后的做法依然不应该是“坚持”，而是“与时俱进”。“与时俱进”的意思是，该坚持的才坚持，该舍弃的就应该舍弃。事实上，如果李嘉诚一直执着于塑料花，最终结果很可能是破产，就像柯达不可能再执着于传统胶片业务一样。

因为成功而舍弃，是为了持续成功或寻找更大的成功。

脱掉不合适的鞋子

职场新人小慧很沮丧，任销售助理才满一年，公司明确表示不再与她续签合同。小慧很纳闷，平时自己勤力苦干，虽然说业绩不怎么样，但是作为一个新晋员工也不算垫底。公司突然不与自己续约，新工作又还没有着落，整天在家里闲着，想继续进修，既没心情，又不知学什么好，小慧觉得真不是滋味：自己握着本科文凭，又努力向上，为什么就是没有公司给自己机会呢？

在一家职业顾问工作室里，小慧道出了心中的苦水：在学生时代，我读书很用功，但成绩总是不好；现在，工作很努力，态度很认真，但是业绩也总不理想。尤其是每个月公司都要对员工业绩进行考评，造成了很大的心理压力。

职业顾问指出：态度是决定工作成绩的基础，但如果你的工作根本不适合你，那工作态度再好，也只是徒劳。对职业生涯越来越没有信心，对自己越来越没自信，所以你的工作成绩会更差，导致你被辞退。

针对小慧的情况，在进行了有针对性的测评之后，显示出小慧性格偏内向，不善与人交际。这些性格特征，与小慧目前的销售部工作格格不入，这是导致小慧工作走入误区的关键。

行政管理专业本科毕业的小慧，最初的职业理想是从事行政类的工作，不仅与专业对口，也符合她的性格。

但是因为就业市场的不景气，行政管理类的职位“僧多粥少”，行政管理专业毕业的学生能抢的饭碗寥寥无几。无奈之下，小慧只得选择了“对专业要求不高，能给新人机会”的销售助理、客户类的工作。职业顾问指出，就是因为在第一次择业时，没有规划职业生涯，选择了“不适合”自己的工作，导致现在的职业危机。

在分析了小慧当前出现的问题，并进行了充分的互动和综合考虑之后，职业顾问为小慧进行了职业规划。

从性格、学习经历上讲，行政管理领域的工作是小慧的首选。小慧既没具备销售工作所必需的“外向、善于沟通、有说服力”的素质，也没有销售、客户管理类的理论知识，更没有该领域的工作经验，对于一个初出茅庐的小姑娘，自然接不到什么客户。因为这个领域对小慧而言，是陌生的、不适合的。而小慧真正的强项在于行政管理，既延续了多年的学习经历，又和性格相投契。

小慧虽被解雇，但是从事销售助理工作的时间仅为一年，所以并不要为放弃该领域工作而遗憾，不适合你的工作就像穿得不舒服的鞋，迟早会被你扔掉。所以你应该庆幸，及时发现鞋子不合适，而不是勉强地穿着，直到起泡，直到你忍无可忍。虽然浪费了一年，但是能及时发现职业生涯的问题而掉转方向，也是难得的经验。

放弃一棵树，你会发现一片森林

不要无谓地固执

有一个王子在另外一个星球种了一棵玫瑰，他对它呵护备至，很是关爱。可是王子越是无微不至地关心和呵护，玫瑰越是娇惯，最后难以伺候。最终王子受不了它的娇惯，来到了地球，他却发现，原来地球上有很多那样漂亮的玫瑰，它们都很美丽，都能承受得起自然的风风雨雨。王子他突然醒悟，原来漂亮的玫瑰到处都有。自己却很傻，只知道对那一枝玫瑰，百倍关心呵护，可到头来还是白白浪费了自己的良苦用心。

两个贫苦的樵夫靠上山捡柴糊口，有一天，他们在山里发现两大包棉花，两人喜出望外。棉花的价格高过柴薪数倍，将这两包棉花卖掉，可供家人一个月衣食丰足。当下，两人各自背了一包棉花，赶路回家。

走着走着，其中一名樵夫眼尖，看到山路有着一大捆布。走近细看，竟是上等的细麻布，有 10 多匹。他欣喜之余，和同伴商量，一同放下肩负的棉花，改背麻布回家。

他的同伴却有不同的想法，认为自己背着棉花已走了一大段路，到了这里丢下棉花，岂不枉费自己先前的辛苦？坚持不换麻布。先前发现麻布的樵夫屡劝同伴不听，只得自己竭尽所能地背起麻布，继续前行。

又走了一段路后，背麻布的樵夫望见林中闪闪发光，待走近一看，地上竟然散落着数坛黄金，心想这下真的发

财了。赶忙邀同伴放下肩头的棉花，改用挑柴的扁担来挑黄金。

同伴仍是不愿丢下棉花，并且怀疑那些黄金不是真的，劝发现黄金的樵夫不要白费力气，免得到头来一场空欢喜。

发现黄金的樵夫只好自己挑了两坛黄金和背棉花的伙伴赶路回家。走到山下时，无缘无故下了一场大雨，两人在空旷处被淋了个湿透。更不幸的是，背棉花的樵夫肩上的大包棉花吸饱了雨水，重得无法再背得动，那樵夫不得已，只能丢下一路辛苦舍不得放弃的棉花，空着手和挑黄金的同伴回家去。

王子和背着棉花不放的樵夫都错在固执地守着一棵树不放，而错过了一片森林。

放下无谓的固执，冷静地用开放的心胸作正确的抉择。每次正确无误的选择，将指引你永远走在通往成功的坦途上。

一位售货员的做事之道

有一位售货员讲了这样一个故事。

在商品极其丰富的今天，我们切莫贪图眼前利益，急于求成，为了达成某笔销售，只考虑自己的提成和收入，而不考虑顾客的利益，那样往往做成了销售而丢失了信誉，长此以往，顾客将弃你而去。因此，我们只有对顾客投之以桃，他们才会报之以李。前两天，一位中年妇女来我柜挑选定亲商品，和她交谈中知道她家境富裕，送的彩金很高，她今天带了 1000 元来买个 4 件套和被子，我根据她的要求为她介绍了一套 488 元套件和一条 418 元蚕丝被，价格合适，商品满意，生意马上就成交了，但我转而

> 一想：418 元蚕丝被只有 50%的蚕丝，她家条件这么好，买了回去后不一定会称心，就对她说："大姐，我们还有 860 元的 100%蚕丝被，价格虽然贵些，但舒适性、透气性要更好，定亲是人生大事，一辈子只有那么一回，你彩金送的那么高，礼品也一定要送更有档次的，那样才相配呀！"她犹豫地说："可我没准备这么多，也没带那么多钱。""没关系，你先看一下 100%的蚕丝被，满意了明天再来买。"等她走后，旁边有人笑我："你这个人真傻，让生意走掉了，过了这个村没那个店呢？"然而第二天一开门，那个大姐就兴冲冲地前来购买了，并对我说："你说的有道理，我回去和家人商量后决定就买好的那条，你为我考虑得真周到，到我儿子结婚购物时一定都到大世界来买。"在这件事中，我考虑了顾客的利益，而放弃了眼前利益，赢得了顾客的信任，这将是多么宝贵的财富啊！

当今社会在商业竞争进入白热化的阶段，我们需要有个性化的服务，需要良好的服务技能，放弃是一种技巧。今天的放弃是为了明天的收获，有放才有得，所以大家想一想，放弃是不是一种智慧？

"做大事的人一定要学会放弃"

李金元，天津天狮集团总裁，这位中国内资直销企业的老大，在回顾他的创业历程时，曾经说过这样一句话："做大事的人一定要学会放弃。"

20 世纪 80 年代初，刚 20 岁出头的李金元开始做起了买卖，他卖过粮食、收音机，还造过干洗机，甚至开办了印刷公司。于是，他拥有了自己的第一桶金——40 万元，只不过这 40 万元大部分都陷入了三角债中。

如果说，他花费精力或者打官司，把这些钱要回来，按照当时的生活水平，一辈子够吃了。但是，李金元选择了放弃，他的理由是："我耗不起那时间。"

于是，他又从银行和亲戚那里凑了14万元，建成了自己的面粉厂，也就是从那个时候起，李金元挣来了自己的第一个100万元。之后，他又把面粉厂交给别人管理，自己则去北京开餐厅，到天津开酒吧，到长春开塑料厂……

后来，李金元用自己的积蓄加上借款共2000万元，创建了天狮集团，并投入到了高钙产品的研发。如今，天狮集团已发展成为一家以高科技产品为主导、多种产品并存发展的大型跨国集团。

李金元的成功，说明了什么？那就是适时放弃。如果当初他守着那40万元，并进行无休止地讨债，也许，他还不一定拥有40万元，现在天狮集团在国内有23家企业，在海外有104家子公司，这正是说明了，当时的放弃是一种多么明智的选择。

在我们的生命中，有时，我们常常固守着已经拥有的东西或者财富，甚至为了眼前的点点利益而斤斤计较，以至于把所有的精力和时间用于周旋和消磨。故此，人们常常为名誉所累，为了面子和荣耀，不愿放弃、不肯放弃一些东西，最终，常常败得一塌糊涂。

放弃是需要勇气的，从某种意义上讲，该放弃时勇于放弃，其实是一种智慧。

居里夫人的放弃与获得

少女时代的玛丽亚因家境贫困，没钱去巴黎上大学，只好到一个贵族家当家庭教师。不久，她与这家的大儿子卡西密尔相爱了，在他们计划结婚时，却遭到卡西密尔父母的极力反对。贫贱的女家庭教师怎么能与贵族身份的卡西密尔门当户对呢？他的父亲大发雷霆，母亲则以死相逼，懦弱的卡西密尔屈从了父母的意志。

失恋的痛苦折磨着玛丽亚，她甚至有过自杀殉情的念头。一年后，她又与卡西密尔进行了最后一次谈话，卡西密尔还是那样优柔寡断，玛丽亚便下决心砍断了这根爱恋的绳索，去了巴黎求学。痛苦的失恋，是玛丽亚人生中的第一次失败经历。然而，有舍才有得，如果她不肯放弃卡西密尔而殉情自杀，那世界上就少了一位伟大的科学家——居里夫人。

5 元与 1.5 亿元

50 多年前，一个中国青年随着“闯南洋”的大军来到马来西亚。当他站在这片土地上时，兜里只剩下 5 元钱。

为了生存，他在这片土地上为橡胶园主割过橡胶，采过香蕉，为小饭店端过盘子……谁也不会想到，就是这样一个年轻人，50 年后，他成为马来西亚的一位亿万富翁。很多人试图找到他成功的秘密所在，但他们发现，他所拥有的机会跟大家都是一样的，唯一的区别可能是：他敢于冒险。

他可以在赚到 10 万元的时候，把这 10 万元全部投入到新的行业当中。这在那个动荡的投资环境中，一般人是很难做到的。他就是马来西亚巨亨谢英福，他的创业史被马来西亚人津津乐道。马来西亚首相马哈蒂尔也熟知他。当时，马来西亚有一家国营钢铁厂经营不景气，亏损高达 1.5 亿元。首相找到他，请他担任公司总裁，并设法挽救该厂。他爽快地答应了。在别人看来，这是一个错误的决定，因为钢铁厂积重难返，生产设备落后，员工凝聚力涣散。这是一个巨大的洞，无法用金钱填平。

谢英福却坦然面对媒体，他说："当年来到马来西亚时，我口袋里只有5元钱，这个国家令我成功，现在是我报效国家的时候。如果我失败了，那就等于损失了5元钱。"年近六旬的他从豪华的别墅里搬了出来，来到了钢铁厂，在一个简陋的宿舍里办公，他象征性的工资是马来西亚币1元。

焚券市义

战国时代，齐国孟尝君有一个门客冯谖。有一次，孟尝君派冯谖去薛城收债。冯谖向孟尝君辞行，并请示："收完债，您需要买些什么东西吗？"孟尝君顺口答道："先生看我家里缺什么，就买些什么吧！"冯谖驱车来到薛城，派人把所有负债之人都召集到一起，核对完账目后，他便假传孟尝君的命令，免去所有的欠款，并当面烧掉了债券，百姓感激不已，皆呼万岁。

冯谖随即返回，一大早便去求孟尝君，孟尝君没料到他回来得这么快，半信半疑地问："债都收完了吗？"冯谖答："收完了。""那你给我买了些什么回来呢？"孟尝君又问。冯谖不慌不忙地答："您让我看家里缺少什么就买什么，我考虑到您有用不完的珍宝，数不清的牛马牲畜，美女也站满庭院，缺少的只有'义'，因此我为您买'义'回来了。"孟尝君不知所云，忙问："'买义'是什么意思？"冯谖就把事情经过说了。孟尝君听罢心里很不高兴，只得悻悻地说："算了吧！"

一年后，孟尝君由于失宠于齐王而被赶出国都，只好回到薛城。当孟尝君的车子距薛城还有上百里远时，薛邑百姓便已扶老携幼，夹道相迎。孟尝君好生感慨，回头对冯谖说：“先生您为我所买的‘义’，今天终于看见了！”

上面讲的就是“焚券市义”的故事。“市”是“买”的意思；“义”指“民心”。冯谖懂得，民心比金钱更重要，因此，他不惜花钱买民心。古人云：得民心者得天下，失民心者失天下。民心向背是决定一个政权盛衰兴亡的根本因素。一个政权要想长治久安，切忌推行有违民意的政策。

洛克菲勒家族的“蠢人之举”

第二次世界大战的硝烟刚刚散尽时，以美、英、法为首的战胜国们几经磋商，决定在美国纽约成立一个协调处理世界事务的联合国。一切准备就绪之后大家才蓦然发现，这个全球至高无上、最权威的世界性组织，竟没有自己的立足之地。

买一块地皮吧，刚刚成立的联合国机构还身无分文。让世界各国筹资吧，牌子刚刚挂起，就要向世界各国搞经济摊派，负面影响太大。况且刚刚经历了第二次世界大战的浩劫，各国政府都财库空虚，甚至许多国家都是财政赤字居高不下，在寸土寸金的纽约筹资买下一块地皮，并不是一件容易的事情。联合国对此一筹莫展。

听到这一消息后，美国著名的家族财团洛克菲勒家族经商议，便马上果断出资 870 万美元，在纽约买下一块地皮，将这块地皮无条件地赠予了这个刚刚挂牌的国际性组织——联合国。同时，洛克菲勒家族亦将毗连这块地皮的大面积地皮全部买下。

对洛克菲勒家族的这一出人意料之举，当时许多美

国大财团都吃惊不已，870 万美元，对于战后经济萎靡的美国和全世界，都是一笔不小的数目呀，而洛克菲勒家族却将它拱手赠出了，并且什么条件也没有。这条消息传出后，美国许多财团主和地产商都纷纷嘲笑说："这简直是蠢人之举！"并纷纷断言："这样经营不要 10 年，著名的洛克菲勒家族财团，便会沦落为著名的洛克菲勒家族贫民集团！"

但出人意料的是，联合国大楼刚刚建成完工，毗邻它四周的地价便立刻飙升起来，相当于捐赠款数十倍、近百倍的巨额财富源源不尽地涌进了洛克菲勒家族财团。这种结局，令那些曾经讥讽和嘲笑过洛克菲勒家族捐赠之举的财团和商人们目瞪口呆。

欲取姑予，以退为进

将欲取之，必先予之

将欲废之，必固兴之；将欲夺之，必固与之。——《老子》
将欲败之，必先辅之；将欲取之，必姑予之。——《韩非子》

天下没有免费的午餐，任何获取都具有成本，都需要付出代价。成语“欲取姑予”，说的就是这个意思，暂时舍得和放弃眼前的小利益，才能获取长远的、更大的利益。

> 据《韩非子·说林》记载，春秋末期的晋国，以赵、魏、韩、智、范、中行等六家势力比较大，史称“六卿”，它们的地位显赫。但后来，在范、中行两家被兼并后，贪得无厌的智伯又向魏宣子提出领地要求。魏宣子也不是好惹的，直愣愣当即断然拒绝。
>
> 魏宣子的谋士认为这样做很容易得罪人，于是献上一条计策，说：“请不要正面拒绝智伯，我们不妨先吊起他的胃口，满足他的要求。他尝到了甜头，被激发了欲望之后一定会更加骄傲得意，更加贪得无厌，一定会四处伸手，恨不得天下所有的财富都归他所有，天下所有的美女都属于他。到那时，其他大夫必然会心生不满，从而促使各家联合起来去收拾一个孤立又骄傲轻敌的智伯，他的性命还能保得住吗？何劳我们自己动手呢？”
>
> “言之有理！”魏宣子于是依从任章的妙计，很爽快地划出一些肥沃的土地给智伯，据说还送了 12 个美女给

他。后来，智伯果然被赵、魏、韩三家所厌恶，于是联手灭了他。而魏宣子不但收复了失地，还从中分得了更多的土地。

春秋末年，齐国的国君荒淫无道，横征暴敛。齐国的贵族田成子看到这种情况后，对他的僚属说："公室用这种榨取的手段，虽然得到了不少财富，但这种取是'取之犹舍也'。仓储虽实，但国有不固，终是'嫁衣'。"于是田成子制作了大、小两种斗，打开自己的仓储接待饥民，用大斗出借谷用小斗回收还来的谷米，"予民于惠"。于是齐国人民不肯再为公室种田效力而投奔于田成子门下，一时"民归之如流水"。田成子用这种大斗出小斗进的方式，借出的是粮食，收进的是民心，貌似给予，实则得到。果然，齐国国君宝座最后为田氏家族所得。

由此可见，我国古人已经很精通"欲取姑予"的策略，在条件还不具备的时候，要想夺取或保存某种东西，可以暂时交出或放弃它。等待时机，创造条件，一旦时机成熟，再把它夺回来。

"欲取姑予"的谋略在经济领域运用得相当广泛，不同的企业，不同的商家对此有不同的理解，运用的效果也各不相同。

日本为了获得更多的科研成果，向美国的教育界投入数亿美元，从小学到大学，几乎是一条龙式的赞助。

这样做的目的是什么呢？日本企业界人士公开说，日本的技术之所以领先，完全得益于美国教育界的支持，因为他们提供了许多科研成果。

赞助是假，猎取科技成果才是真正用意。这也是一种欲取姑予吧？

在市场营销中，"欲取姑予"的谋略更是随处可见。例如，为了吸引食客，酒店设置免费品尝的酒水，商场投放免费试用的小包装商品，诸如此类，都是同一谋略的活用。

联合利华公司吞并了中华牙膏厂之后，推出了新品中华牙膏，为了拓展市场，他们雇了不少小姐，挨家挨户地派发小支装中华牙膏。这一促销招式，其实也是“欲取姑予”。

美国可口可乐公司为了打进中国市场，不是一开始就向中国市场大量倾销商品，而是采用“欲取姑予”的策略，先是无偿向中国提供价值逾万美元的可乐灌装设备，花大资金在电视上做广告，提供低价浓缩饮料，吊起中国消费者的胃口，吊起中国经销商的胃口，使中国人认可和接受可口可乐。

十几年来，可口可乐已经风行中国，生产企业已经超过了 8 家，销售量和价格也已经有了大幅度的增长。现在，可口可乐已经成为中国人不可缺少的饮料之一。

当初无偿提供给中国人的原料和设备的投资，早已经收回，并且已经赚了好几十倍的利润。

收获以付出为前提

在你得到想要的东西之前，你总是先付出一些东西。收获不会凭空产生，不劳而获的事只是徒然的空想，永远不切实际。如果我们先给予对方恩惠，以后再从对方身上收回几倍的回报。这看似糊涂，实则精明。

> 美国东部某一个城市里，有一家经营非常成功的商店，他们所用的方法非常简单。
>
> 店里的职员经常巡视商店附近的停车表，看到“已逾时”的灯号就代为投币，并且附上一张纸条，说明该家商店非常乐意为驾驶人服务，以免他们因为逾时停车而被开罚单。许多驾驶人专程到店里道谢——然后买了一些东西。

波士顿有一家大型的男装店，他们所卖的每一套西装口袋里，都装有一张印刷精美的卡片，告诉消费者，如果西装令你感到满意，可以在6个月后，拿着那张卡片回到店里换一条领带。

当然，消费者很高兴再回到店里——经常会再买一套西装。

当然，你需要付出的不仅仅是在工作上，在做人上，你付出的多，你得到的回报也是极其丰厚的。一个能够为别人付出时间和心力的人，才是真正富足的人。为别人付出不仅利人，同时会提升本身生命的价值。

付出是没有打折的储蓄，当你不断地储蓄时，一定会得到意想不到的收益，下面的故事就是一个很好的例子。

在一个多雨的午后，一位老妇人走进费城一家百货公司，大多数的柜台人员都不理她，只有一位年轻人问她是否能为她做些什么。

当她回答说只是在等雨停时，这位年轻人并没有向她推销她不需要的东西，也没有转身离去，反而拿给她一张椅子。

雨停之后，老妇人向这位年轻人说声谢谢，并向他要了一张名片。几个月之后这家店主收到一封信，信中要求派这位年轻人前往苏格兰签订装潢一整座城堡的订单！

这封信就是老妇人写的，而她正是美国钢铁大王卡内基的母亲。

当那位年轻人准备去苏格兰时，他已成为那家百货公司的合伙人了。

年轻人获得了意想不到的收益，而他获得收益的原因，就在于他比别人付出更多的关心和礼貌。

所以，没有任何收获不是以付出做前提的，记住这一点，你就可以得到更多。

先赔后赚

唐代崇贤人窦公善于经营家业，但是财力上很困难。他在京城内有一块空地，与大宦官的地段相邻，宦官看重这块地想得到它，这块地价值五六百缗（古代一千文为一缗），窦公很高兴地把这块地奉献给了那位大宦官，却根本没有提出价钱。在讨得宦官十分欢喜之后，他就借故说自己打算去江淮，希望得到两三封给神策军中的护军（由宦官担任）的信，那宦官便替他写了信。窦公借着这些信总共获利三千缗，从此他的事业便发达起来。东市有一片洼地，地势低洼有积水，他就用低廉的价钱买到手，然后让女佣人带着蒸饼盘在那块空地上引诱儿童：哪个孩子如果扔砖瓦击中空地上的一个目标，就奖给他一个蒸饼。小孩子们都跑来争相扔砖瓦石块，这样就把那片洼地填平了十分之六七。接着又用好土铺垫，在这块地上盖起了一个客店，专门留波斯客商居住，每天能获利一缗。

经商中的“先赔后赚”之计，也就是欲取先予。

美国人外出旅游，有一去处可以不花一文钱，甚至还有节余，这个地方便是大西洋赌城。从纽约出发，到那里来回车费才 20 美元，到达后马上可以得到赌城当局馈赠的 15 美元现金，还有一顿丰盛的自助餐。第二次来时，凭车票又可以得到 8 美元的回赠。

这是赌场老板谋利的一个妙计，吸引顾客前来，来的愈多愈好，因为到赌场来而不赌者寥寥无几，不管赌客运气如何，总体上是赚少赔多。因此，所谓来去不花钱，实际上花费的是赌场老板从顾客身上赚来的零头。得到最大好处的当然是赌场老板，但顾客的心理上还总能承受。这就是赌场老板的诀窍。所谓“降价销售”“有奖销售”“品尝销售”“买一赠一”，等等，实际上都是“羊毛出在羊身上”。然而，商战中因此取胜的商人却是很多。看似吃亏，实则占大便宜。

舍不得孩子套不着狼

有这样一个历史故事。

相传，汉初北方有一个东胡国，向邻国寻衅，派一位使臣到邻国晋见国王，要国王送东胡一匹最好的千里马。邻国的大臣们认为，东胡国要的这匹千里马是先王遗留下来的，不可轻易送人。然而邻国的实力不够强大，不足以与东胡国抗衡。国王冒顿也为此大伤脑筋。

冒顿微笑着说：“我与东胡为邻，不能为了一匹马失了和气。”随即叫使者把马牵走了。过了一段时间，东胡使者又带来国书，说东胡国王看上冒顿王妻子的美貌，要冒顿王把妻子送给东胡国王。冒顿的大臣们听后气愤万分，纷纷请求冒顿斩掉来使，发兵进讨东胡。冒顿又摇摇头说：“他既然喜欢我的妻子，给他便是了，岂可为了一个女人失去一个邻国?”东胡国王得了冒顿的良马、美人，日夜荒淫，并认为冒顿真的惧怕自己。过了一段时间，他又遣使者向冒顿索要两国交界处的宝地。冒顿群臣得信后，对如何应付意见不一，有的主张给予，有的则强烈反对。冒顿此时勃然大怒，说：“土地乃国家之根本，怎能给人!”接着命令左右将东胡来使斩首，迅即向东胡出兵，东胡军队猝不及防，连战皆败，全军覆灭。冒顿直冲宫中，杀了东胡国王，尽灭其国。

“舍不得孩子套不着狼”，这是告诉人们要想取之，必先予之。正如钓鱼还得有鱼饵，无鱼食诱之是不可能让鱼上钩的。

你若想从别人那里得到什么，就得先给他点什么。这就像农民种庄稼一样，要想收获，就须先在地里施肥。

战争中的退与进

在滑铁卢大战中，大雨造成的泥泞道路使炮兵移动不便。拿破仑不甘心放弃最拿手的炮兵，而如果推迟时间，对方增援部队有可能先于自己的援军赶到，那样后果不堪设想。然而，在踌躇之间，数小时过去了，对方援军赶到。结果，战场形势迅速扭转，拿破仑遭到了惨痛的失败。

春秋时期的齐国是春秋五霸之首，疆域辽阔，国力雄厚，拥有一支近三万人的军队；而鲁国则地域狭小，兵少力弱，不是齐国的对手。公元前684年春，齐桓公出动大批军队进攻鲁国，当齐军进入了有利于鲁军反攻的长勺地区时，鲁国并没有马上发起反攻，而是坚守阵地。这时，齐军自恃力量强大，首先发起进攻，企图一举成功。但是，齐军连续三次进攻都未获胜，队伍疲惫不堪，锐气大减。这时鲁军见时机已到，向齐军发起总攻。一时齐军阵势大乱，纷纷溃败而逃。

在当年的延安保卫战中，红军主力主动撤出根据地，把一个个空营房留给敌人，诱敌深入，与敌人灵活周旋，消灭了敌人的有生力量，粉碎了敌人的进攻，取得了延安保卫战的胜利。在后来的抗日战争、解放战争中人民解放军不在一城一池上计较，灵活作战，在运动中消灭敌人的有生力量，转弱为强，取得了最后的胜利。

解放战争年代，刘邓大军挺进大别山，直插敌人心脏——中原地区，把战争引向敌占区。按照毛泽东的想法，刘邓大军进了大别山，而且站稳了就是胜利。当部队进入黄泛区时，因为辎重特别是重型武器拖累了部队前进的速度，如果不赶快进入大别山，就有被蒋介石的军队包围在黄泛区消灭的危险。

当时刘邓首长毅然下令，把大炮炸了，把重型设备抛弃了，部队全部轻装前进，按照邓小平的说法，空手走进大别山就是胜利。结果部队抛弃了重型武器，轻装前进，很快进入了大别山，摆脱了敌军的围追堵截，取得了战争的主动权。

在“不在乎一城一地之得失”的运动战并辅之以群众游击战的原则指导下，我军暂时放弃了 40 余座空城，晋冀鲁豫解放区五分之一人口的地区暂时沦为游击区。但我军在半年中即歼灭了敌人 16 个旅，自己却没有一个营一个连被全歼过，这样使蒋介石的机动兵力大大减少。刘伯承司令员后来在总结战绩时指出：“战争之胜负不在一城一地之得失，关键在于力量的保存或丧失。”并又说：“存人失地，地终可得，存地失人必得人地皆失，蒋军主力削减到一定程度后，他不能进攻也无能力防守，且处困难之境地……我军紧握手中枪，集中其优势兵力，继续消灭蒋家王朝。”正是我们作出了明智的取舍，取得了大量歼灭敌人有生力量的伟大胜利，我军舍弃的是包袱，换来的是战略上的机动和主动，这样的舍弃实在是明智至极，是大划算的买卖。

这些事例告诉我们，有时放弃是一种更主动的选择，是一种以退为进的智慧。

正确的放弃

英国退役军人迈克·莱恩曾是一名探险队员。1976年，他随英国探险队成功地登上珠穆朗玛峰。而在下山的路上，他们却遇到了狂风暴雪，每行一步极其艰难，最让他们害怕的是风雪根本没有停下来的迹象。这时，他们的食品已经不多了，如果停下来扎营休息，他们很可能在没有下山之前就被饿死；继续前行，大部分路标已被积雪覆盖，不仅要走许多弯路，而且每个队员身上所背的增氧设备及行李等物品压得他们喘不过气来。这样下去，他们不被饿死也会因疲劳而倒下。在整个探险队陷入迷茫的时候，迈克·莱恩率先丢弃所有的随身设备，只留下不多的食品，提出轻装下山。

他的这一举动几乎遭到所有队员的反对。他们认为现在到山下最快也要10天时间。这就意味着在这10天时间里不仅不能扎营休息，还可能因缺氧而使体温下降，导致冻坏身体。那样他们的生命是极其危险的。面对队友的顾忌，迈克·莱恩坚定地告诉大家说："我们必须而且只能这样做，这样的雪山天气10天甚至半个月都有可能不会好转，再拖延下去路标会被全部埋掉。丢掉重物，就不允许我们有任何幻想和杂念，只要我们坚定信心，徒手而行就可以加快速度，也许我们还有生还的希望！"结果队友们同意了他的意见，一路互相搀扶，互相鼓励，忍受疲劳和寒冷，不分昼夜只用了8天时间就到达了安全地带。确实，恶劣的天气正像他所预料的那样从未好转过。

正是因为他当年一次正确的放弃，才挽救了所有队员的生命。

“三十六计”“走为上计”

两位美国科学家做过一个有趣的试验：

在两个玻璃瓶里分别放进5只苍蝇、5只蜜蜂，然后将瓶底对着亮光，瓶口朝向暗处。几小时后，5只苍蝇从瓶子后端暗处找到出口，爬了出来，5只蜜蜂全部撞死。

科学家分析认为，蜜蜂把有光源的地方看作唯一出路，每次都朝同一方向飞，而苍蝇不死盯着那点儿亮，碰壁后知道向后看。蜜蜂与苍蝇，一前一后，一生一死，揭示了成功的秘诀。

将昆虫换成人类，道理同样适用。在困境中学会向后看，另谋出路，是一种人生智慧。

在一次欧洲篮球赛上，保加利亚队与捷克斯洛伐克队相遇，距比赛结束还有8秒钟时，保加利亚队以2分优势领先，一般来说稳操胜券，但是，那次比赛采用的是循环制，保加利亚队必须赢球超过5分才能取胜，可是用剩下的8秒再赢3分谈何容易？

这时，保加利亚队的教练突然请求暂停。暂停后，比赛继续，球场上出现了人们意想不到的事情：只见保加利亚队突然运球向自家篮下跑去，并迅速跳起投篮，球应声入网，全场观众目瞪口呆，全场时间到。

但是，当裁判员宣布双方打成平局需加时赛时，大家才明白过来。最后结果是保加利亚队赢了6分，如愿地出线了。

“三十六计”中就有“走为上计”。理智的放弃，是为了整体的积极进取。

不为自己辩解

心理学家认为，现代人要想在社会中获得成功，首先必须要具备永不放弃的品性，其次必须懂得放弃的重要性。因为懂得放弃，不进行无益的竞争，将使我们避开锋芒，避免无谓的浪费，从而以退为进，赢得潜心发展的主动权。要明白有时候放弃，并不代表懦弱和退却，而是一种清醒和理智。

> 20 世纪 60 年代初的美国，有一个很有才华、曾经做过大学校长的人。有一年，他参加美国中西部某州的议员竞选。此人资历很深，又聪明能干，博学多识，看起来很有希望赢得竞选的胜利。但是，在竞选的中期，有一个很小的谣言散布开来：几年前，在该州首府举行的一次教育大会中，他跟一位年轻的女老师“有那么一点暧昧的行为”。这实在是冤枉，这位候选人对此感到非常愤怒，他不想放弃为自己辩解的任何一次机会。由于按捺不住对这恶意谣言的怒火，在以后的每一次集会中，他都要极力地站出来澄清事实，证明自己的无辜。其实，大部分选民根本没有听说过这件事。但是，他这样辩解使人们越来越相信有那么一回事，真是越抹越黑。公众反问：“如果他是无辜的，他为什么要百般地为自己辩解呢？”最可悲的是，连他的太太也开始相信这一谣言。最后他失败了，从此一蹶不振。

这一真实的故事实在让人悲伤。

屏幕硬汉施瓦辛格竞选州长时，也面对了各种刁难和中伤，可他选择了放弃为自己辩解，反而更增加了他在选民中的人格魅力，赢得了更多的信赖和支持，并最终获得了胜利。

以退为进的智慧

瓜农种瓜时，一根秧上只留一个西瓜，其他瓜胎全部掐掉，反而会增产；花工育花时，一根枝上只留一两朵花，保证充足的养分，花朵就会开得硕大、厚实、鲜艳。

甘县中医院与县第一人民医院相邻，无论是硬件设施，还是医务人员的数量和素质，中医院都无法跟人民医院相比。盲目竞争，无疑是以卵击石。中医院领导立足现实，从实际出发，主动放弃了外科、西医内科等科室，而集中精力大力发展县人民医院薄弱的皮肤科、中医内科、眼科、儿科等科室，结果不仅化弱为强，还办出了特色，吸引了大量的患者，创造了良好的效益。

东北某企业采用“财散人聚”的战略，把一部分股份无偿转让给企业的精英们，让这些人一夜间成为富翁，从而使这些人感激涕零，竭尽全力地为企业卖命，创造出了更多的财富。这一举措，企业虽然舍弃了一部分钱财，但拴牢了一批人才，凝聚了人心，为企业的发展储备了力量。

试想这些人才若脱离了企业，自己创业或为其他企业所用，必将会与这个集团争市场、争原料、争利润，将对企业构成严重的威胁。由此看来，“财散人聚”不愧为一种具有远见卓识的英明决策。

儿子看见父亲在一块空地上补栽大白菜，立即放下手中的东西，上前帮忙。却发现，父亲每种千棵菜，总要将好好的菜苗拦腰截断，只留下半截儿。他觉得父亲的这种做法实在有些荒唐，在他的一再坚持下，父亲只好将剩下的几垄地种上了“完整”的菜苗。

半个月后，儿子路过菜园子，发现被父亲去掉半截儿的菜苗生长有力而茂盛，而后栽的几垄“完整”的菜苗，外围大部分叶子已经枯死，只有中间部分的几片小叶子还透着绿色，但个头儿明显要比前者矮小许多。父亲解释说，菜苗被移栽后，根部吸收养分的能力受到损害，此时就必须除去一部分叶子，降低养分的损耗，这样菜苗才能很快反过劲儿来。不舍得放弃上半截儿，只能把整个菜苗都给毁了。

当初只以为父亲去掉菜苗上半截儿是为了移栽方便，而从没有想到过是为了便于成活。

阿海原是一家酒店的老板，由于他年轻，缺乏管理的经验，一年下来让酒店亏损了不少，如果再继续经营下去，恐怕连老本都要赔进去，于是他果断地将酒店转给别人，并且在新老板手下谋得了一份厨师的工作，一来是为了糊口，二来也是为了向人家取经。试想，如果他还整天体面地端着老板的架子，高不成低不就，还有可能东山再起吗？现在他从一个厨师做起，谁能否认，他很快就会反过劲来，并且生长得有力而茂盛呢？

危险之中，人必须学会舍弃，就像海上遇难的船只扔掉所有的物资，就像移栽菜苗舍弃大半截儿菜叶，这些行动看似很愚蠢，实际上却是让自己走出危难，迅速复苏壮大的明智之举。

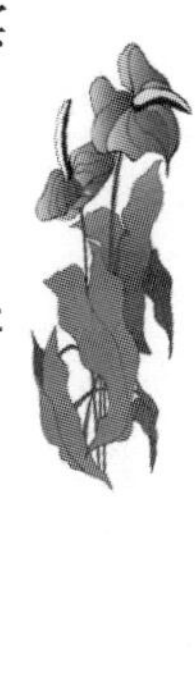

不跟对手硬拼

一位搏击高手参加锦标赛，自以为稳操胜券，一定可以夺得冠军。

出乎意料，在最后的决赛中，他遇到一个实力相当的对手，双方竭尽全力出招攻击。当对方打到了中途，搏击高手意识到，自己竟然找不到对方招式中的破绽，而对方的攻击却往往能够突破自己防守中的漏洞，有选择地打中自己。

比赛的结果可想而知，这个搏击高手惨败在对方手下，也无法得到冠军的奖杯。

他愤愤不平地找到自己的师父，一招一式地将对方和他搏击的过程再次演练给师父看，并请求师父帮他找出对方招式中的破绽。他决心根据这些破绽，苦练出足以攻克对方的新招，决心在下次比赛时，打倒对方，夺取冠军的奖杯。

师父笑而不语，在地上画了一道线，要他在不能擦掉这道线的情况下，设法让这条线变短。

搏击高手百思不得其解，怎么会有像师父所说的办法，能使地上的线变短呢？最后，他无可奈何地放弃了思考，转向师父请教。

师父在原先那道线的旁边，又画了一道更长的线。两者相比较，原先的那道线，看起来变得短了许多。

师父开口道："夺得冠军的关键，不仅仅在于如何攻击对方的弱点，正如地上的长短线一样，如果你不能在要求的情况下使这条线变短，你就要懂得放弃从这条线上做文章，寻找另一条更长的线。那就是只有你自己变得更强，对方就如原先的那道线一样，也就在相比之下变得较短了。如何使自己更强，才是你需要苦练的根本。"

徒弟恍然大悟。

师父笑道："搏击要用脑，要学会选择，攻击其弱点，同时要懂得放弃，不跟对方硬拼，以自己之强攻其弱，你就能夺取冠军。”

在获得成功的过程中，在夺取冠军的道路上，有无数的坎坷与障碍，需要我们去跨越、去征服。人们通常走的路有两条：

一条路是学会选择攻击对手的薄弱环节。正如故事中的那位搏击高手，可找出对方的破绽，给予其致命的一击，用最直接、最锐利的技术或技巧，快速解决问题。

另一条路是懂得放弃，不跟对方硬拼，全面增强自身实力，在人格、知识和智慧上使自己加倍地成长，变得更加成熟，变得更加强大，以己之强攻敌之弱，使许多问题迎刃而解。

退让可以更好地向前

喜欢下围棋的人都知道，其制胜之道不在于斤斤计较几个棋子的得与失，而是在于占势。以几个子的放弃换得控制全局大势，这是制敌取胜的常用之道。我们常常看到有些人下棋锋芒毕露，尤喜围杀，以提取对方的棋子为乐事，这虽然得到了一时的痛快，但最后输棋的往往就是他。

退让可以更好地向前，退让是一种柔韧之术。有时，为了一个小小的职位，一份微薄的奖金，甚至是为了他人的一些闲言碎语、一个不屑的眼神，我们就发愁、发怒、斤斤计较，纠缠于其中而不能自拔，如此天长日久，我们的心灵就会被折磨得千疮百孔，痛苦不堪。假如我们在这些无足轻重的小事面前隐忍、柔韧一些，适当地退让一下，就会坦然得多。假如我们能够以平静恬淡的心情去面对种种荣辱得失和恩怨情仇，从而使自己能够永久地保持对生活美好的体味和对真善美的执着追求，这就达到了柔韧境界。这亦是一种修身养性，是对自己的人格和性情的陶冶升华，从而进一步使自己的心胸趋于博大，灵魂趋于崇高，视野变得更加深远，思虑更加高瞻远瞩。那么，在我们漫长的生命旅程中，即使是遇到了凄风苦雨的日子，碰到了艰难困苦的无情挫折，我们也都能超然地走过。个中道理亦非常简单，正因为那些荣辱得失和种种窘境都伤害不了我们，这就使我们无形之中减少了很多的困扰与忧愁，生活会变得更加快乐充实，在我们的精神天空里也会少了许多沉重的阴影，而多了一丝绚丽的色彩。仔细想想，整天纠缠于一些无足轻重的小事不能自拔又是何必。柔韧有时又是对自己的爱护，是对自己生命的珍惜。

也许很多人都懂得"谋势不谋子"的策略，我们若真能领会其真义，那么在生活中就能顾全大局，高瞻远瞩，而不会贪图一时一地之微利，不会在细枝末节上纠缠不休，从而实现胸中远大的理想。洒脱而自愿地放弃一些微小的、眼前的利益，其根本目的在于摆脱这些东西的羁绊，避免被它们折腾得伤痕累累、身心疲惫，妨碍自己前进的步履。这无疑是一种积极意义上的超脱，从而使自己拥有平和的心境和旺盛的精力，能够从从容容、踏踏实实地去走那条属于自己的道路，做自己该做的事，进而走向成功的彼岸，获得更多更有价值的东西。诚能如此，那么你已掌握了柔韧人生的真谛。

达到柔韧人生的境界，是使自己有所成就、有所作为的明智之举，是聪明人走向成功、走向成熟的必由之路。

退步思量步步宽

用心计较般般错，退步思量步步宽。

"退"从表面上看，意味着胆怯、失败，但是下面一个事实也许会令你感叹不已。森林中，唯老虎为百兽之王，谁见谁怕之，无不撒腿而跑之。可谓虎者，威风凛凛的权威和王者象征也。可是，你仔细观察，这样一种虎王，在捕食时却总是先后退几步，然后狂奔而上，之后是紧紧地抓住了猎物。老虎尚知道在进攻时后退几步，以便产生更大的势能，而我们又何苦于只知前进，不许后退呢？

> 一位同事忧心忡忡地对我说，他的小孩最近数学成绩大滑坡，气得他一连数顿都没吃好饭，来问我该如何办。我问他是何种原因导致这种局面。他说也并非他不刻苦用功，老师的作业每天使他累得连自己心爱的足球赛也无法看，体育锻炼的时间更不用说了。可这孩子对戏剧艺术挺感兴趣，无论哪里一谈起京剧便能脱口而唱出，而且其嗓音也是极其出色的。但孩子的父亲认为，在目前社会上学京剧没有出息，不如学点实惠的东西，将来成为大款或高级官员之类。于是对这孩子的兴趣横加指责而不去鼓励他自由发展。听了他这么一说，我颇感兴趣。好一个急于成功、只求成而不愿败的父亲！
>
> 后来，我建议他，必须退让，给孩子退让，不能强逼孩子去干自己不愿干的事，也不能强逼他放弃自己的兴趣和业余爱好，唯一可行的办法就是退一步海阔天空，让孩子在广阔的天地里找到自己的影子、欢乐、痛苦、失败，当然，以后他肯定会找到自己的成功。
>
> 果然不出所料，过了几周，同事跑来告诉我说他孩子参加了业余京剧班，进步很快。同时，学习也得心应手，心理压力被去掉了，似乎前边的路很宽，也很轻松。

大禹治水的故事，不照样给我们启示吗？黄河，是中华民族的摇篮，它哺育了伟大的中华民族，同时也给人们带来灾难。传说尧的时候发大水，年年泛滥。尧用鲧治水，鲧采用的方法是筑堤防水，可是今天刚筑好的堤坝，明天就被大水冲垮了。这样鲧足足用了九年时间仍没将大水制服，结果却被舜杀掉了。舜利用鲧的儿子禹来治水。禹在治水过程中，善于思考，善于总结前人的经验，善于作退步思考，不钻进一条死胡同里。他凭着自身的智慧和顽强的斗争精神，经过十几年的艰苦斗争，利用疏导的办法，开凿了许多条河床渠道，终于把洪水引入大河，由大河流入大海，最终取得治黄的成功。其实，疏导对于筑堤来说就是一种后退，面对汹涌而来的河水，我们不后退怎么能行呢？后退并非意味着河水的强大，而是为了寻找更好的时机和手段来控制它、牵引它、疏导它，使它按渠道流入大海。这种方法不是让人耳目一新吗？

退本身并不能说明我们胆怯、我们弱小、我们是逃兵。相反，能进能退、能屈能伸则是我们智慧的象征。古人就说能屈能伸为大丈夫也，可见大丈夫行事，理应是有进有退。退的目的是为什么呢？是为了更好地进攻。战斗打起来，非需要战士有韧性不可，没有韧性的战士是终究会失败的。那么退到什么程度为止呢？当然是退到我们不能再退为止，也即退到我们反攻为止，这时的反攻，其势绝对不可挡，在强大的势能下加上韧性的战斗，胜利一定属于我们。

以退为进的职场兵法

时下，工作越来越难找，职场的风险也越来越大。据英国一家研究机构调查，欧洲公司中首席执行官的平均在职时间只有两年半，也就是跨国公司的最高权力人物都随时会被解聘。为了应对职场风险，保证自己平安度过各类危机，精明者应当学会以退为进的职场兵法。

首先要降低期望值。

随着大学毕业生逐年增多，初涉职场者面对的就业形势越来越严峻，大学教育也由过去的精英化向大众化转变。对于初涉职场者来说，也许你的才能比别人优秀，但是你不能梦想一步到位地坐上你心仪的位置。

初涉职场的新人必须先降低自己的期望值，从最底层的岗位做起，在高能低就中积累力量，逐步取得社会的认可，从而为下一步的发展奠定扎实基础。

其次要学会柔性赶超。

对待老员工，最好的办法是柔性赶超。柔性赶超，讲究边学边超，通过向老员工学习，找到完成工作的最佳方式和途径，形成自己的工作风格，使领导和同事们慢慢看到你的潜力，从心里接受你、尊重你，当好的机会来临时，你才能平稳地把握住它。如果急于求成，各种人际障碍会把很多机会屏蔽在你的视线之外，从而对你的发展造成不必要的阻力。

有两位大学生，同时进入某家企业工作。甲在工作半年后就写了一份洋洋万言的意见书，痛陈企业存在的问题，并提出了很多有价值的改革措施，但由于这些措施触及老员工的利益，实施起来阻力较大，领导不愿意采纳。碰了一鼻子灰的甲很快受到老员工的排挤，只干了一年就愤然离职。乙同样看到企业存在的问题，但他没有急于求成，而是虚心向老员工学习，尽量把手上的工作做好，得到了大家的认可。再后来，乙慢慢地走上了中层岗位，成为最年轻的部门负责人，手下的老员工们虽然资历都比他老，但没有一个不心服口服的。

再就是避开精英。

对于久经沙场的职场老兵来说，要学会急流勇退，这里所说的急流勇退是设法避开与行业精英发生正面竞争。

某外资医药企业李先生，在外企干了 10 多年，做过部门经理和总经理助理，今年，他却辞职到一家民营企业担任副总裁。李先生说，自己已年近 40，虽说有一些资历和工作经验，但与外企里 30 岁上下的年轻人相比，不管是知识结构还是冲劲都不如他们，与其等着让他们把自己挤走，还不如现在换个更适合自己的环境。李先生认为，民营企业相对来说人才较缺乏，自己可以从容地把外企的一套先进理念嫁接到民企。当然，民企给他的薪水是在外企时的两倍，此外，给他的权力也很大。现在他手下领导着近百名员工，以前在外企想做却做不成的事情，现在可以放开手来做了。

学会低头

学会低头，也就是懂得放弃，若要硬是强出头，只有碰壁。

一次，一位气宇轩昂的年轻人，昂首挺胸，迈着大步去拜访一位德高望重的老前辈，不料，一进门，他的头就狠狠地撞在了门框上，疼得他一边不住地用手揉搓，一边看着比他的身子矮一大截的门。恰巧，这时那位前辈前来迎接他，见之，笑笑说："很疼吧？可是，这将是你今天来访问我的最大收获。"年轻人不解，疑惑地望着他。"一个人要想平安无事地生活在世上，就必须时刻记住：该低头时就低头。这也是我要教你的事情。"老人平静地阐发着他的睿智。

这位年轻人，就是被称为美国之父的富兰克林。

据说，富兰克林把这次拜访得到的教导看成是一生最大的收获，并把它作为人生的生活准则去遵守，因此受益终生。后来，他成为功勋卓越的一代伟人。

由此想到，人生要历经千门万坎，洞开的大门并不完全适合我们的躯体，有时甚至还有人为的障碍，我们可能要不停地碰壁或伏地而行。若一味地讲"骨气"，到头来，不但被拒之门外，而且还会被撞得头破血流。学会低头，该低头时就低头，巧妙地穿过人生荆棘。它既是人生进步的一种策略和智慧，也是人生立身处世不可缺少的风度和修养。

假装自己一无所长

维斯卡亚公司是美国20世纪80年代最为著名的机械设备制造公司，其产品销往世界各地，并代表着当今重型机械制造业的最高水平。许多大学生毕业后到该公司求职遭拒绝，原因很简单，该公司的高技术人员爆满，不再需要各种高技术人才。但是令人垂涎的待遇和足以自豪、炫耀的地位仍然闪烁着诱人的光芒。

詹姆斯和许多人的命运一样，在该公司每年一次的用人测试会上被拒绝申请，其实这时的用人测试会已经是徒有虚名了。詹姆斯并没有死心，他发誓一定要进入维斯卡亚重型机械制造公司。于是，他采取了一个特殊的策略——假装自己一无所长。

他先找到公司人事部，提出为该公司无偿提供劳动力，请求公司分派给他任何工作，他不计报酬来完成。公司起初觉得这简直不可思议，但考虑到不用任何花费，也用不着操心，于是便分派他去打扫车间里的废铁屑。一年来，詹姆斯勤勤恳恳地重复着这种简单但是劳累的工作。为了糊口，下班后他还要去酒吧打工。这样虽然得到老板及工人们的好感，但是仍然没有一个人提到录用他的问题。

1990年初，公司的许多订单纷纷被退回，理由均是产品质量有问题，为此公司将蒙受巨大的损失。公司董事会为了挽救颓势，紧急召开会议商议解决办法，当会议进行一大半尚未见眉目时，詹姆斯闯入会议室，提出要直接见总经理。在会上，詹姆斯把对这一问题出现的原因做了令人信服的解释，并且就工程技术上的问题提出了自己的看法，随后拿出了自己的产品改造设计图。这个设计非常先进，恰到好处地保留了原来机械的优点，同时克服了已出现的缺陷。总经理及董事会的董事见到这个编外清洁工如此内行，便询问他的背景及现状。詹姆斯面对公司的最高决策者们，将自己的意图和盘托出，经董事会举手表决，詹姆斯当即被聘为公司负责生产技术问题的副总经理。

原来，詹姆斯在做清洁工时，利用清扫工到处走动的特点，细心察看了整个公司各部门的生产情况，并一一做了记录，发现了所存在的技术性问题并想出了解决的办法。为此，他花了近一年的时间搞设计，做了大量的统计工作，为最后一层才智奠定了基础。

詹姆斯不愧是一个聪明人，他在推销自己的过程中能够放下自己的架子，不争一时的先后，才华不外露，锋芒内敛；他目光远大，为自己的发展准备了充分的条件，最终获得了成功。

集中优势，重拳出击

抓住关键的 20%

1897 年，意大利经济学家帕累托偶然注意到英国人的财富和收益模式的不平衡性。在研究中发现大部分的财富流向了小部分的人一边，被小部分人占有。财富和收益极不平衡，这种不平衡的模式会重复出现，具有可预测性。如果 20%的人占有 80%的社会财富，由此可以预测，10%的人所拥有的财富为 65%，5%的人所享有的财富为 50%。于是帕累托提出了：重要的少数与琐碎的多数原理，大意是在任何特定的群体中，重要的因子通常只占少数，而不重要的因子则占多数，因此，只要控制重要的少数，即能控制全局的 80/20 法则。

相信很多读者也都有投资股票或其他金融产品的经历。当我们回首总结时，常常会发现：对投资利润贡献最大的往往只是一只个股，相反亏损则多是来源于分散投资。觉得这个好，听人家说那个也不错；这个买一点，那个也买一些，表面上看起来没有错过任何一个机会，实际上哪一个机会也没有抓住。反而不如认认真真研究好一只个股，重仓杀进，全力争取最大的利润。当然前提是你要下功夫学习，掌握一定的操作技巧，然后在此基础上优中选优，敢于放弃那些看起来很诱人的机会，集中精力打好每一仗。想一想，你重仓在一只股票上，能像每种买上一二百股那么随意吗？我们很多时候就亏损在这种随意上：反正只有这么些，赔一点无所谓，另外几只还有希望呢。

同样的道理，在我们的职业生涯中，我们一定要抓住自己的关键的20%,不能贪多求全,面面俱到,而是确定一个目标,这样才会凝聚起人生的全部合力,将其攻下。确定了目标选定了路,不管路有多崎岖,同行者怎样寥寥,你都要忍受孤独和寂寞把它走完。尤其在诱人的岔路口,你必须不改初衷,有心无旁骛的坚定信念和超然气度,只有这样,你才能到达光辉的顶点。

凿深一口井

有这么一幅漫画,上面画的是:一个人在凿井,但他浅尝辄止,在松软的黄土地上,留下了几个浅浅的坑后,再也没信心挖下去了,并得出一个错误的结论——“这里没水!”而浅坑之下,就是股股清泉。

难怪总有人在感叹时间不够用,负担过重,不知你想过没有,整天忙乱,除了忙自己分内的事情之外,多半是在忙一些自己不该忙的,如忙社交应酬,围着歌厅、舞厅、酒店转,忙着奔走钻营求地位,忙着物质享受去赚钱,忙着虚荣去夺利,你想想是不是这么一回事?人生就是在凿井!

很多人因为自己整天被人拉去干这干那,就以为自己这是被人重用,这是表现自己才能或者拓展事业的大好时机,其实,你知道吗?这些人都是在凿浅井。忙乎了好多年,他们到底收获了什么呢?今天凿这,明天凿那,东一榔头,西一棒子,结果没有一口井找到水源,这不是能干,而是人力物力甚至生命的绝对浪费。人的一生毕竟有限,不管从精力还是从时间来说,一个人成天忙这忙那,对自己着手的工作甚至自己喜欢的事业都失去了兴趣,这可是一笔不小的损失啊!

人应该有所为,有所不为,有自己的奋斗目标,在有限的人生之年,应该把握住自己真正的志趣和才能,专一地做下去,才有可能取得一些成绩或者说有所成就。这需要有所选择,有所放弃,有所牺牲，它需要一种锲而不舍的精神，它需要对人生目标的执着。

是呀，人生不就是在凿井吗？只是有的人在不懈地钻一口深井，有的人像狗熊摘苞谷一样地凿着浅井，还志得意满地高唱着潇洒走一回，年轻就是资本，一颗浮躁的心始终难以平静，把流星的一瞬间辉煌当成星际奇观，取得一点点成绩就沾沾自喜，一生凿出了许多浅井却终无所获。人生路漫漫，诱惑太多太多，只是在人生旅途中别太贪多求全，别把成功和失败看得太重，沉下心去，一步一个脚印，脚踏实地地多去凿深井。只有这样，人生才会富有内涵，到老时回首人生才会少一些遗憾。

盯着一只羊不放

既然选择了一个目标，就不要让这个目标轻易地失去。

对于那些浅尝辄止、见异思迁的朋友，非洲猎豹式的做法不失为一个榜样。

> 这里是非洲的马拉河，河谷两岸青草嫩肥，草丛中一群群羚羊在那儿美美地觅食。一只非洲豹隐藏在远远的草丛中，竖起耳朵四面旋转。它觉察到了羚羊群的存在，然后悄悄地、轻手轻脚地，低头哈腰，慢慢地接近羊群。越来越近了，突然羚羊有所察觉，开始四散逃跑。非洲豹像百米运动员那样，瞬时爆发，像箭一般地冲向羚羊群。它的眼睛盯着一只未成年的羚羊，一直向它追去。羚羊是跑得飞快，非洲豹更快。在追与逃的过程中，非洲豹超过了一头又一头站在旁边观望的羚羊，但它没有掉头改追这些更近的猎物。它一个劲地直朝着那头未成年的羚羊疯狂地追。那只羚羊已经跑累了，非洲豹也累了，在累与累的较量中比最后的速度和坚持力。终于，非洲豹的前爪搭上了羚羊的屁股，羚羊绊倒了，豹牙直朝羚羊的脖

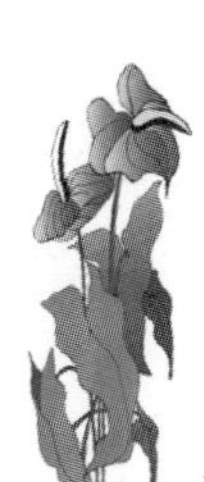

颈咬了下去，一动也不动地喘着粗气。

可以说，一切肉食动物都知道在出击之前要隐藏自己，而在选择追击目标时，总是选那些未成年的、老弱的或落了单的猎物。在追击过程中，它为什么不改追其他显得更近的羊呢？因为它已很累了，而别的羊还不累呢。其他羊一旦起跑，也有百米冲刺的爆发力，一瞬间就会把已经跑了百米的豹子甩在后边，拉开距离。如果丢下那只跑累了的羊，改追一头不累的羊，以自己之累去追不累，最后一定是一只也追不着。

动物世界的这种普遍现象，也许是一种代代相传的本能。但它启发人类仿效，在一切追逐目标的过程中，都要借鉴这种智慧。

把一件事做透

有一个寓言“猴子掰苞谷”，说的是猴子在苞谷地里收获，刚掰下一个，觉得前面的更好，就扔下手里的去掰另一个。另一个到手，觉得还有更好的，到手的又扔掉，去掰那个“更好”。不知不觉走到玉米地的尽头，天色已晚，只得慌慌张张随便掰一个，回去一看，恰恰是个烂苞谷，也只好将就了。

我们都会笑那个猴子太傻。

猴子犯傻，不是智力问题，而是浮躁。

巴菲特有一句名言：“如果你没有持有一种股票 10 年的准备，那么连 10 分钟都不要持有。”说起来容易，可是有几个人能够做到？我们做不到，可能会把原因归结为中国股市的中国特色，在这样一个不成熟的市场里，想持股 10 年，不是有病！

其实，中国股市的毛病，并非只有中国才有，美国一样有“安然事件”，一样有“网络泡沫”，投资者一样被套得很惨。做了一辈子股票的巴菲特，并不是随时都在买卖股票。最近 10 年直至“9·11”之前，美国股市走牛，一片莺歌燕舞，多少人大把大把地买，大把大把地赚，巴菲特却不为所动，以至于被一些人视为“过气股神”。然而，当一连串的打击把美国股市推入深渊，不少人血本无归时，巴菲特却以他的稳健投资避免了损失，在别人哭天喊地的时候，他还在稳稳当当地赚钱。

他说，这几年他几乎没有买进新股票，因为他还没有发现值得买的。以美国股票的数量和质量，挑出一两只值得买的股票，岂不是易如反掌？他却偏偏选不出来，可见他的标准之高，眼光之毒。既然准备持有 10 年，就必须要有绝对把握，没有绝对的把握，他宁可不做。

很多时候，决定不做比决定要做更难，放弃比抓住更需要定力。

人心浮躁，就是因为向往的太多，凡事都想抓住，也不管是不是能够抓住。就像那掰苞谷的猴子，想抓到更多，结果连手上这个也没有抓好。

古语说，十鸟在林，不如一鸟在手。世上看起来可做的事情很多，但真正能够抓住的却少。人生的机遇，可能就只有那么一两次。因此，一生做好一件事，只要真正做好了，也就够了。

巴菲特从 11 岁开始买第一只股票，现在 70 岁了，还没有改行的迹象，看来，他这辈子就是个投资大师了。他并不是世界上最富的人，排在他前面的，是做软件的比尔·盖茨。巴菲特肯定也知道做软件很赚钱，但他肯定不会去做，不管股市是牛是熊，他都吊在这棵树上了。

任何行业，任何市场都是博大精深的，够你花一辈子的精力去钻研和奋斗。任何一个大师级的人物，都只是自己那一个领域内的大师，比尔·盖茨如果去股市淘金，以他的实力，当个庄家，翻云覆雨，又有何难？但他如果真那样做了，他也就不是比尔·盖茨了。

广泛涉足，难免蜻蜓点水，把一件事做透，才是成功人生的捷径。

放弃不必要的“精彩”

人的精力不可能方方面面顾及，即使是十分精彩或万分想得到的东西，也不能死抓住不放。

1998年的诺贝尔奖得主崔琦，在别人眼中就是个“怪人”：远离政治，从不抛头露面，整日浸泡在书本中和实验室内，甚至在诺贝尔奖桂冠加顶的当天，他还如常地到实验室工作。更令人不敢置信的是，在美国高科技研究的前沿领域，崔琦居然是一个地地道道的“电脑盲”。他研究中的仪器设计，图表制作，全靠他一笔一画完成。如果要发电子邮件，就请秘书代劳。他的理论是：这世界变化太快了，我没有时间赶上！放弃了世人眼里炫目的东西，为他赢得了大量宝贵的时间，也就为他赢得了至高无上的荣誉。

人的一生很短暂，有限的精力不可能方方面面都顾及，而世界上又有那么多炫目的精彩，这时候，放弃就成了一种大智能。只要能得到你想要得到的，放弃一些不必要的“精彩”，你并不会损失什么，而在放弃的背后也正意味着得到更多。有时抓住自己想要的东西不放，就会为自己带来压力、痛苦、焦虑和不安。往往什么都不愿放弃的人，结果却什么也没有得到。

尽管你的精力过人，志向远大，但时间不容许你在一定时间内同时完成许多事情，正所谓“心有余而力不足”。这就如把眼前的一大堆食物塞进嘴里，塞得太满，不仅肠胃消化不了，连嘴巴也冒着被撑破的危险，所以，在众多的目标中，必须依据现实，有所放弃，有所选择。这样我们才能选出适合自己的食品，然后慢慢咀嚼，细细品味，直到完全吸收，才会有更充沛的精力。

不是吗？如果在放弃之后，烦乱的思绪梳理得更加分明，模糊的目标变得更加清晰，摇摆的心铸就得更加坚定，那么放弃又有什么不好呢？

放弃，是一种睿智，是一种豁达，它不盲目，不狭隘。放弃，对心境是一种宽松，对心灵是一种滋润，它驱散了乌云，它清扫了心房。

有时候，正是在放弃之后才会发现，原来死死抓住不放的东西并不那么精彩，也并不那么重要。

卸下重担，丢弃枷锁

烦恼的来源

过去有个大富翁，家有良田万顷，身边妻妾成群，可日子过得并不开心，挨着他家高墙的外面，住着一户穷铁匠，夫妻俩整天有说有笑，日子过得很开心。

一天，富翁小老婆听见隔壁夫妻俩唱歌，便对富翁说："我们虽然有万贯家产，还不如穷铁匠开心呢?"

富翁想了想笑着说："我能叫他们明天唱不出声来!"于是拿了两根金条，从墙头上扔过去。打铁的夫妻俩第二天打扫院子时发现不明不白的两根金条，心里又高兴又紧张。为了这两根来历不明的金条，他们连铁匠炉子上的活计也丢下不干了。男人说："咱们用金条置些好田地。"女人说："不行！金条让人发现，会怀疑是我们偷来的。"男人说："你先把金条藏在炕洞里。"女人摇摇头说："藏在炕洞里会叫贼娃子偷去。"

他俩商量来，讨论去，谁也想不出好办法。

从此，夫妻俩吃饭不香，觉也睡不安稳，当然再也听不到他俩的欢笑和歌声了。富翁对他太太说："你看，他们不再说笑，不再唱歌了吧！办法就这么简单。"

其实人的烦恼多半来自自私和贪婪，来自妒忌和攀比，来自自己对自己的苛求。同样的一件事，想开了是天堂，想不开则是地狱。

何不轻松上路

在现实生活中被工作的重担压弯了腰，被心灵的枷锁紧紧地束缚着的人很多，他们一边喊苦，一边却不会自我解脱。

> 某观光旅行团来到一优美的自然景观中休闲。旅客们都乐此不疲地在导游小组的引导下一饱眼福，而甲却心不在焉，不时地接听自己的手机或翻着手机的短信。因为工作的压力和公司的不景气，心想出外游玩或能减少一下自己的压力，却又不放心手下工作，远在天边，而自己却怎么也不能在这优美的环境中有丝毫的笑容。为什么他不能暂时的放弃，享受另一种优美呢？不懂得放弃的人，时时刻刻都想着生活的压力。

看看下面的故事，或许会对那些“身为形役”的人有所启示。

> 很久以前，一个人越来越感到生活的沉重、压力，眼看无力支撑，只得去请教智者。
>
> 智者将他带到一条五彩石铺就的小径，然后交给他一只小背篓，要他顺着小径一路走下去，把认为喜欢的石头都捡进背篓里。
>
> 这人依言而行。红色的，他感到热烈奔放，绚烂无比；白色的，他认为晶莹剔透、纯洁无瑕；黑色的，他认为庄重严肃、锃光闪亮，一一捡进去……渐渐地，背篓里的石头越捡越多，双肩越来越沉，后来，终于支持不住，一跤跌坐地上。
>
> 智者见状，又吩咐：从现在起，你把最喜欢的石头留下，其余的统统扔掉，再往前走试试。这一来，他顿感轻松无比，很快抵达了尽头。

古希腊著名哲学家苏格拉底曾教诲人们：心灵的容积承受过大就会让人烦恼和不安。苏格拉底曾经带着他的学生打开了一座神秘的仓库。这座仓库里装满了令人眼花缭乱的宝贝，学生们都仔细地瞧着，而每件宝贝上都刻着清晰可辨的字纹，分别是：骄傲、嫉妒、痛苦、烦恼、谦虚、正直、快乐等。这些宝贝是那样的迷人，学生们见一样爱一样，抓起来就往自己的口袋里装。在回来的路上，他们才发现装满宝贝的口袋是那么的沉。没走多远，他们就再也无法挪动脚步了，这时，苏格拉底对他们说："孩子们，还是丢掉一些宝贝吧，后面的路还很长呢！"于是，孩子们听从了老师的话，"痛苦"被丢掉了，"骄傲"被丢掉了，最后连"烦恼"也被丢掉了……

顿时，口袋轻了许多。但还是感到有点沉，苏格拉底再次让孩子们看看还有什么可以丢掉的。于是学生把口袋里的"名""利"也翻出来丢掉了，口袋里只剩下"谦虚""正直""快乐"……一下子，他们都感觉到了说不出的轻快。苏格拉底这才长舒了一口气说："啊，你们终于学会了放弃！"

或许这就是人生，尽管有许多值得留恋的东西，但是有时候，你必须放弃，因为放弃，可以使自己轻松地面对人生的种种境遇，可以使自己心情怡然地走在人生道路上。

"为名忙，为利忙，忙里偷闲，喝杯茶去"

相传宋代大文豪苏东坡，一天和好朋友佛印在扬州城的一家茶馆品茗，佛印看着楼下人群熙熙攘攘，感慨地说："世界上的人就和蝼蚁一样，人生短暂，又何苦终日劳碌？你看他们，整天这样奔波，最后还不都是化成一抔黄土？”

两个多愁善感的文人离开茶馆，打算到对面的酒楼里买醉。没想到却发现酒店的小伙计坐在那里，愁眉不展。苏东坡很是好奇，上去问道：“小二，发生什么事情了，怎么一副难过的样子？”伙计说：“我拼死拼活地干了半年，都没赚到几个钱，不干吧，又活不下去，我的命怎么就这么苦呢？像你们这些靠动动笔就能养活自己的文人，是不会了解我们靠出卖体力来谋生计人的苦处的。”

佛印又心有所感，想起官场的尔虞我诈，想起落魄文人的清苦生活，也不禁悲从中来，叹息说：“你们出卖体力的人生活艰苦，那些出卖精神的人的苦处都是你们体会不到的。人生多苦，阿弥陀佛！”

苏东坡看着一边为生活所苦的小伙计，一边为世人担忧的佛印，笑道：“看你们两个，好像人生已经了无乐趣了一样，伙计，给我拿笔墨来，我送你们一副对联。”

于是，小伙计就拿来了笔墨，苏东坡挥毫而就：

“为名忙，为利忙，忙里偷闲，喝杯茶去；劳心苦，劳力苦，苦中寻乐，拿壶酒来！”

对于我们世间的每一个人来说，功名、爱恨、成败、祸福等，我们不能否认这些东西存在于自己心中的时候，往往会成为自己渴望超越自我的一种原动力，但是，人一旦执着于此，往往又会成为自己前进路上的一个沉重的包袱。

人并非独立的存在，人也并非可以完全超脱世外，做一个与世隔绝的“隐者”，每个人都有自己的需求和渴望，也都有自己的担忧和恐惧，也就是说，但凡存在于这个世界上的人，都要“为名忙，为利忙”。也都要“劳心苦，劳力苦”。这些都是不可避免的，是生活过程的必然存在，也是生命的组成部分。

这一切，都是我们作为一个人，就一定要“拿得起”的东西，但是正如同苏东坡和佛印所看到的一样,“拿起了”,人未必就快乐,也未必就能达到自己想要的目标。这时候,我们需要的是“喝杯茶去”的淡然,需要的是“拿壶酒来”的洒脱,需要的是一种追求一切又能放下一切的豁达。

有时候,放下,是一种顿悟,是一种一切压力消失后的恬淡。放下不是放弃,而是对心灵的一种放松。正相反,它往往是获得成功、拿起更多有用东西的一种动力。

“唯有简单的生活,才能给我创造原动力”

爱因斯坦是一个懂得舍弃的人。少年时代的他在瑞士生活时,过的是穷学生的生活,他对物质生活要求不高,有一碟意大利面条加上一点酱他就感到很满意。成为名教授后,为了躲避纳粹的迫害移民美国,当爱因斯坦来到普林斯顿的高等科学研究所工作时,当局给了他相当的高薪——1.6 万美元,他却说:“这么多钱,是否可以给我少一点? 给我 3000 美元就够了。”人们大惑不解,他解释说:“以我看,每一件多余的财产都是人生的绊脚石,唯有简单的生活,才能给我创造原动力!”他舍弃了较多的薪金,远离了对物欲、时尚的追求,额外获得了时间、精力,孜孜于自己的事业,取得了巨大的成功——他在物理学上三大成就:相对论、量子力学和原子核物理,几乎影响了 20 世纪科学技术的面貌。

放下才会轻松

有这样一个故事:

卸下重担,丢弃枷锁

古时候,一个少年背负着一个砂锅前行,不小心绳子断了,砂锅也掉到地上碎了,可是少年却头也不回地继续前行。路人喊住少年问:“你不知道你的砂锅碎了吗?”少年回答:“知道。”路人又问:“那为什么不回头看看?”少年说:“已经碎了,回头何益?”说罢继续赶路。

生活中有许多失败已经无法挽回,再去惋惜悔恨也于事无补。与其在痛苦中挣扎浪费时间,还不如重新找到一个目标,再一次奋发努力。还是让我们学会放弃吧!像那个少年一样,不要因为失败而做无谓的自责和叹息。当我们真正学会放弃时,会发现那才是一种真正的超越,一种真正的战胜自我的强者姿态。

一个人如果沉浸在过去的痛苦经验中,怎么都走不出来,这是自己残害自己。在生活中,最怕自己跟自己过意不去,总是为以前的失误、过错、挫败而唉声叹气,这样下去只能一日复一日,没有出头之日,与其如此,不如痛快地忘记过去,以一种新的姿态重新开始自己的构思和行动。争取在最短的时间赢得成功,这样就可以治疗你过去的痛苦。因此治疗过去痛苦最好的办法不是唉声叹气,而是用新成功来加以证明。

“不要为打翻的牛奶而哭泣”,这是一句英国谚语,其中的道理是,不要为已经失去的而难过,每个人都应当接受已经不可挽回的既成事实,忘记过去向前看。这是多年来人类在实践中得到的智慧结晶。莎士比亚对此做了精辟的诠释:“明智的人永远不会坐在那里为他们的损失而悲伤,却会很高兴地找出办法来弥补他们的创伤。”

因此,我们应该学会忘记,忘记过去,莫让过去折磨自己。无法忘记过去的人,常常会连今天也失去,沉迷于昨日的人,很可能也会错过了人生美丽的金秋、辉煌的未来。活在昨天里的人不愿意面对今天和各种变化,当今天发生新变化时,他就会茫然不知所措,变得烦躁不安。只有理智地放下,才能重新起航,寻找新的大陆。

非吾所有，一毫莫取

在中世纪的意大利，有一个叫塔尔达利亚的数学家，在国内的数学界享有“不可战胜者”的盛誉，他经过自己的苦心钻研，找到了三次方程式的新解法。这时，有个叫卡尔丹诺的找到了他，声称自己有千万项发明，只有三次方程式对他是不解之谜，并为此而痛苦不堪。善良的塔尔达利亚被哄骗了，把自己的新发现毫无保留地告诉了他。几天后，卡尔丹诺却以自己的名义发表了一篇关于三次方程式的新解法的论文，将成果据为己有。他的做法在相当一个时期内欺瞒住了人们，但真相终究还是大白于天下了。今天，卡尔丹诺的名字在数学史上已经成了科学骗子的代名词。

唐代诗人宋之问有一外甥叫刘希夷，很有才华，是一个年轻有为的诗人。一日，希夷写了一首诗名曰《代白头吟》，到宋之问家中请舅舅指点。当希夷读到“古人无复洛阳东，今人还对落花风。年年岁岁花相似，岁岁年年人不同”时，宋之问情不自禁连连称好，忙问此诗可曾给他人看过，希夷告诉他刚刚写完，还不曾与人看。宋之问道：“你这诗中‘年年岁岁花相似，岁岁年年人不同’二句，着实令人喜爱，若他人不曾看过，让与我吧。”希夷忙道：“此二句乃我诗中之眼，若去之，全诗无味，万万不可。”晚上，宋之问睡不着觉，翻来覆去只是念这两句诗。心中暗想，此诗一面世，便是千古绝唱，名扬天下，一定要想法据为已有。于是起了歹意，命手下人将希夷活活害死。后来，宋之问获罪，先被流放到钦州，又被皇上勒令自杀，天

> 下文人闻之无不称快！后人刘禹锡曾说："宋之问该死，这是天之报应。"

以上二人的结局让我们明白，在追求功名的路上，要适时放弃，万不可走上沽名钓誉、欺世盗名的不归路。

> 第二次世界大战期间，美军与日军在依洛吉岛展开了激战，最后美战胜，把胜利的旗帜插在了岛上的主峰，心情激动的陆战队员们，在欢呼声中把那面胜利的旗帜撕成碎片分给大家，以作终生的纪念。这是一个十分有意义的场面，后赶来的记者打算把它拍照下来，就找来6名战士重新演出这一幕。其中有一个叫海斯的战士，是一个在战斗中表现极为普通的人，可是由于这张照片的作用，使他在国内得到一个又一个的荣誉。他的形象也开始印在邮票、香皂等上面，家乡也为他塑了雕像。这时他的内心充塞着矛盾：一方面陶醉在赞扬中，一方面又担心真相被揭露，同时自己又总是处在一种内疚、自愧之中。在这样的心理状态下，他每天只好用酒来麻醉自己。终于，在一天夜里，他穿好军装，悄悄地离开了对他充满赞歌的人世。

苏轼有诗曰："苟非吾之所有，虽一毫而莫取。"名利固然使人欣羡，但如若强求不该属于自己的，一旦受之，便如同大山压身，累垮掉岂不是早晚的事吗？所以，还是那句话，在求取功名利禄的过程中，我们还是该少一点欲念，多一点超脱。

生命需要的仅仅是一颗心脏

> 1936年，英国汤普森急救中心住进了一位好莱坞影星。这位影星是好莱坞最胖的演员之一，在英国演出时突发心肌衰竭。抢救人员用了世界上最好的药物和最先

进的仪器设备，但仍然回天乏术。

临终前，这位演员自言自语说："无论你的身体如何庞大，生命所需要的也仅仅是一颗心脏。"

如果我们意识到，以人类占有的空间与宇宙的浩瀚相比，不过是沧海一粟，渺乎其小；以人类生存的时间与宇宙的永恒相比，不过是电光石火，一瞬即逝，过多的东西对自己已如鸡肋，何苦还要筋疲力尽地去追逐呢？如果我们已经尽了所能，要得到所希望的东西就要破坏已经拥有的，那么何苦让烦恼和悔恨来占据我们的人生。

人不断地奔跑，到头来却发现跑错了方向；人不断地追求，到头来却发现得到的并不是需要的？

世上有许多人"永不言败"，放任自己去追求那些看似辉煌，而实际上违背本性的"成功"，这样的人生就处于失控状态，其根源在于不知道自己的真正需求。

人总是特别容易被一些假象迷惑，而出于本能也特别不愿正视自己的某些弱点，加之金钱、地位、权力又常常容易让人膨胀，飘飘然之后更是无法看清真正的自我。因此，理智地了解和管理自己的需求，其意义比盲目地追求更大一些。

这种追求结果是我们有幸拥有了权力和财富，或者成为一个名人，外界的赞美会鼓励我们继续拼搏；如果我们达不到，认识的人就会说"怎么混成这个样子"，即便不说，也会在目光和潜意识中流露出来。悲惨的是我们也接受了这种认识，我们会觉得自己没有的东西太多了，应该去努力追逐那些权势和财富，陷入对欲望的盲目追求而不能自拔。

这时我们不能再心平气和地对待自己了，也不能平等地认识自己了，就会像那扑向火光的飞蛾，只知道向亮处去，却并不知道那里的意义，那里究竟有没有对自己来说最重要的事物。诚若如此，快乐和幸福只能离我们越来越远。

因此，要懂得理性地对待自己的需求，放下那些对我们没有太多意义的东西，因为对于生命，一颗心脏足矣。

不做完美主义者

从前，有一位满脸愁容的老人，70 岁了还没结婚，到处旅行、流浪，似乎在寻找什么东西。

有人问他在找什么。

他说："我在寻找一个完美的女人，娶她为妻！"

那人就问他说："你四处旅行，找了那么多年，难道从来没有见到过一个完美的女人吗？"

"有的，我碰到过一个，那是仅有的一个，真是一个完美的女人！"

"那，你为什么不娶她呢？"

老人无奈地说："可是，她也正在寻找一个完美的男人！"

曾经有这样一个女人，年逾不惑仍待字闺中。不是她不想结婚，也不是她条件不好，错过幸福的原因恰恰在于她太过追求完美：对于平平者她不屑一顾，有才无貌者她也看不上眼，等到才貌双全了，地位低微又使她的自尊心、虚荣心受到极大的刺痛……有没有她理想中的白马王子呢？也许有，那一定是在天上而不在人间。

这两则故事告诉我们：人们往往因坚持完美而错过了一些他们原本可以拥有的东西。而且给自己增添了太多无谓的思想负担。

有一位平时做得不错的玩具制造公司的总经理，总是对自己的工作要求很高，凡事一定要做到完美。虽然

他们公司的销售还不错，但离他的高标准却有些差距，他因不能忍受而跳楼自杀。

有的孩子考了90多分家长仍不满意，仍要求自己的孩子利用所有的时间学习，希望他们能拿100分，他们总是在督促孩子学习，结果孩子很反感，产生了逆反心理，厌学逃学，最后反而使学习成绩下降。

在人生中，无论是对待工作、事业，还是对待自己、他人，都不能不可为而强为。不达到想象中的彻底完美便誓不罢休，那就是在和自己较劲了，长此以往，心里就有可能系上解不开的疙瘩，而且会系得越来越大、越来越紧。我们常说的心理疾病，就是这样在不知不觉中出现的。这也就是我们在古语中所说的：过犹不及。

所以，追求完美主义的人应该尽快走出完美主义的阴影，放弃这种对完美主义的追求，让自己工作和生活的目标适合自己的实际，让自己可以比较轻松地达到目的。

放弃，是一种美丽

有时候放弃是一种美丽。

放弃了都市的恋恋风尘，享受的是乡村的恬淡安逸；放弃了鲜花、掌声、滚滚名利，收获的可能是简单真实的自己；放弃了花开的绚丽，未尝就得不到果实的芬芳；放弃了一段刻骨铭心的感情，留下了永远难忘的美好记忆。

有时候，放弃，是一种解脱。

不能忍受病痛折磨的老人，在最后的日子里，开始拒绝进食，直到停止呼吸。

放弃生命，是需要勇气的。荀子说："生，人之始也；死，人之终也。始终俱善，人道毕也。"当长寿变成了一种罪过，当生存已经是一种惩罚的时候，与其在痛苦中挣扎，不如安然地死去。佛学大师如是说："人握拳而来，撒手而去，先是一点点索取，而后一点点放弃。"生命，是最后的放弃，超然得未沾尘埃，解脱得彻彻底底，宁静得祥和美丽。

更多的时候，放弃，是一种大爱。

刘若英的歌《成全》唱道："未必永远才算爱得完全，一个人的成全，好过三个人的纠结。成全了你的潇洒与冒险，成全了我的碧海蓝天。她许你的海誓山盟蜜语甜言，我只有一句不后悔的成全……"因为爱，才会选择放弃，才会甘愿成全，含着泪微笑，轻轻挥手，说声再见，转身的刹那，还有爱，在心间。

生活中，放弃的实例无处不在。有一种教育方法叫放手，有一种管理方法叫放权；有一种治学方法叫放达，有一种心理疗法叫放松，有一种用人方法叫放心，有一种养生方法叫放怀……

为了轻松地活在这个世界上，放弃，是人生必做的减法。

放松自己的心情，感觉快乐

在嘈杂纷繁的环境里，你要时常放松自己的心情，只有这样才能感受到快乐。平静而清楚地对别人倾诉衷肠，同时倾听别人的诉说甚至唠叨，因为倾诉和倾听都能带来快乐。

生活犹如大海，时而风平浪静，时而波涛汹涌。平静时的快乐，艰辛时的痛苦，快乐与忧愁夹杂在一起，或许会使你更加乐观向上，或许使你消极自卑。掌握好心中的那杆秤，让它保持着平衡的状态，在享受中和痛苦中都能得到身心上的舒展、精神上的力量。建立起一道坚实的心理防线，在快乐时尽情享受，遇到困难时坦然面对，微笑着接受每一次的挑战。放松自己的心情，无论成功与失败都能平静面对，不让胜利冲昏头脑，不让失败影响情绪，学会用乐观的心态和美好的想法突破重重阻碍，使自己的生活不再因为困难而退缩，不再因为悲伤而失望，时时刻刻保持着好心情。

感受生活的点滴，让充满压力的生活变得轻松些，放松自己的心情，释放自己的身心；寻求宁静，寻求一种美好的生活方式；走进宁静，走进了心灵的阳光地带；品味宁静，品味与众不同的人生。

用欣赏的眼光看待这个世界

在大千世界里值得我们欣赏的东西有许多，如：人、文章、风景等。让我们用欣赏的眼光去看世界，你会觉得世界是如此绚丽多彩。

> 大力士西西弗斯因触犯了天神，被罚以一种永无止歇的苦刑：将一块大石头从奥林帕斯山下推到山上。但由于诅咒的力量，巨石抵达山顶的刹那，就会自动滚到山下。周而复始，西西弗斯永远没有完成使命的一天，永远重复同样劳苦无望的事情。然而有一天，西西弗斯在搬运巨石的途中，忽然觉得自己搬动巨石的每个动作都那么美，他专注地观察自己全力以赴的每个动作，都具有独一无二的尊贵感——这时，所有的劳苦、疲惫、绝望忽然全都消失了，他全心全意享受这份苦役，不再抱怨、焦虑，只是凝注在当下那个动作的美感。奇妙的事发生了，诅咒竟然在那一刹那解除，巨石不再滚回山下，西西弗斯从永无止境的苦役中重获自由。

其实，在这个世界上无处不存在着幸福，只要我们用一种欣赏的眼光去看这个世界，那些使我们感到非常辛苦、伤感的工作或经历就会透出无限的美来，那时，我们这颗心也就会超越那些辛苦和伤感了。

勇敢地接受不可改变的事实

有人曾经说过：所谓人生，就是要学着接受命运的乏力和无可奈何。放弃该放弃的，是无奈；放弃不该放弃的，是无能；不放弃该放弃的，是无知；不放弃不该放弃的，是执着。记住该记住的，忘记该忘记的，改变能改变的，接受不能改变的。

不可否认，办不到的借口多得数不清，但爱找借口的人，失败的概率往往高于常人，因此绝不能在做事之前，就开始找借口搪塞。即使成功的概率很小，但只要存在着可能，就要勇敢地接受挑战。也只有勇于接受挑战，才会存在成功的可能性。当你碰到不可改变的事情时，要勇敢地接受它，不要把时间浪费在悔恨、羡慕和嫉妒上，你应该做的事是积极主动地抓住这次的机会。

什么是自己不能改变而必须接受的？什么是自己可以选择的？什么是自己必须勇敢挑战的？在困难和挫折面前我们无权选择，只有勇敢地接受挑战，才会有出路。只要信念不变，相信依然会成功，失去不一定是损失，也可能是奉献。

许多人在选择及犹豫中错过许多机会，只有大胆地去寻找事实真相，才能有所收获。要有勇气去改变那些你能够改变的，要有度量去接受那些你不能改变的，相信只要付出努力就能有好的结果。当我们不再与不可改变的现实抗争时，就会有能力开创更丰富的人生，我们如果学会顺应人生的坎坷，就能活得更长久、更顺心。

山不过来我过去

《古兰经》里面有这样一则故事：

> 一天，有人找到一位会移山大法的大师，让其当众表演一下。大师在一座山的对面坐了一会儿，就起身跑到山的另一面，然后就表演完毕，众人大惑不解。大师道：这世上根本就没有移山大法，唯一能够移山的方法就是山不过来，我过去。

“山不过来，我过去”，大师的一句话说出了人生的真谛。“我过去”是一种人生的处世态度。现实生活中不如意事十之八九，有些外界事物我们无法控制，也无法改变。可以肯定的是其中一定有很多不如意的地方，而此时更需要我们选择积极的态度去面对，即使改变不了，也要努力用良好的心态去正视！那“山”虽然横亘在你的面前，不能改变，但可以改变自己的心态。有人懊恼抱怨，有人积极主动，抱怨者永远在山的这一边，主动者能看到山那边的海，山那边的另一番景致。山不过来，我过去！这是大师的智慧。

当然，“山不过来，我过去”肯定也是一种做事的风格。主动出击，挑战自我。有时我们花了太多的时间在等待。改变自己去适应一切，这是一种科学的为事方法。

> 我们不能左右天气，但是可以把握心情；
> 我们不能选择容颜，但是可以展现笑容；
> 我们不能号令他人，但是可以指挥自己；
> 我们不能预知明天，但是可以把握今天；
> ……